Zijn en sterven

Een praktische benadering om anderen te
dienen in tijden van ziekte en dood

door Sarayu Johnson

I0150081

Mata Amritanandamayi Center, San Ramon
Californië, Verenigde Staten

Zijn en sterven door Sarayu Johnson
Een praktische benadering om anderen te dienen in
tijden van ziekte en dood

Uitgegeven door:
  Mata Amritanandamayi Center, P.O. Box 613
  San Ramon, CA 94583, Verenigde Staten

———————— *Being with Dying (Dutch)* ————————

Eerste uitgave door het MA Center: mei 2016

In Nederland:
  www.amma.nl   info@amma.nl
In België:
  www.vriendenvanamma.be
In India:
  www.amritapuri.org
  inform@amritapuri.org

Dit boekje is een offergave
aan de Lotusvoeten
van onze zeer geliefde Amma,
die voorbij leven en dood is.

Om mṛtyu-mathanyai namaḥ
Eer aan de Goddelijke Moeder
die de dood tenietdoet

Inhoud

Sri Mata Amritanandamayi

Door Haar uitzonderlijke daden van liefde en zelfopoffering heeft Sri Mata Amritanandamayi Devi, beter bekend als "Amma"(moeder), zich bemind gemaakt bij miljoenen mensen over de hele wereld. Ongeacht hun geloofsovertuiging, hun status of de reden waarom ze naar Haar toegekomen zijn, liefkoost Zij iedereen en houdt Zij hen in een liefdevolle omhelzing dicht tegen Haar hart.

Op deze eenvoudige maar zeer krachtige manier transformeert Amma het leven van ontelbare mensen door hun hart open te laten gaan, omhelzing na omhelzing. In de afgelopen achtendertig jaar heeft Amma meer dan negenentwintig miljoen mensen vanuit alle delen van de wereld omhelsd.

Amma's onvermoeibare toewijding om anderen te verheffen heeft geleid tot een uitgebreid netwerk van charitatieve activiteiten waardoor mensen het diepe gevoel van vrede en innerlijke vervulling ontdekken dat ontstaat door het belangeloos dienen van anderen. Zij leert ons dat het goddelijke in alles bestaat, in het bewuste en het onbewuste. Bewustwording van deze waarheid is de essentie van spiritualiteit, de manier om een eind te maken aan alle lijden.

Amma's leringen zijn universeel. Wanneer Haar naar Haar religie wordt gevraagd, antwoordt Zij dat Haar religie de liefde is. Zij vraagt niemand om in God te geloven of van geloof te veranderen maar slechts om de eigen ware natuur te onderzoeken en in zichzelf te geloven.

Voorwoord

Toen ik hoorde dat Sarayu een boekje geschreven had over hoe we met stervenden om moeten gaan, wilde ik dat graag lezen en hierover meer te weten komen. Ik prees mensen als mijzelf, die niet veel ervaring hebben met de dood en het sterven, gelukkig; dat wil zeggen totdat ik hoorde dat mensen die tijd doorgebracht hebben bij degenen die in hun laatste levensfase verkeren, dit als zeer waardevol en dierbaar beschouwen. De tijd die men met een stervende doorbrengt, hoeft niet beladen te zijn met angst en zorgen, zoals we ons voorstellen, maar kan een ongelooflijk mooie en diepgaande ervaring zijn die ons helpt als mens te groeien. Omdat ik nooit bij iemand geweest ben die in zijn laatste levensfase verkeerde, had ik het gevoel dat ik niet wist wat te doen of wat goed was om te zeggen als ik mij plotseling in een dergelijke gevoelige situatie zou bevinden.

Het was een opluchting te ontdekken dat men echt niets hoeft te zeggen of te doen; eenvoudig bij hen 'zijn' is genoeg. Vandaar de titel van dit boekje: 'Zijn en sterven'.

'Zijn en sterven' verwijst niet alleen naar het aanwezig zijn bij een stervende. Het verwijst naar het 'zijn' en het fenomeen sterven in zijn totaliteit. En uiteindelijk betekent dat vrede hebben met de sterfelijkheid, zowel die van onszelf als van onze geliefden. Verandering is de aard van het leven. Dat wat geboren wordt, moet op een dag ook weer sterven. Maar de rups gaat de cocon niet in om te vergaan maar juist om zijn gebondenheid af te werpen en als een prachtige vlinder te voorschijn te komen. Laten wij op dezelfde wijze door spiritueel inzicht te voorschijn komen uit de cocon van onze angsten en misvattingen rondom sterven en dood en leren vertrouwen op de evolutionaire kringloop van het leven.

Als Amma mensen troost die ziek zijn of treuren over het verlies van een geliefde, probeert Ze hen niet een of andere diepe spirituele les te leren. Meestal houdt Ze hen vast en droogt Zij zowel hun tranen als die van Zichzelf en Ze zegt dat zij niet moeten huilen. Toen ik dit zag, vroeg ik mij af: "Waarom zegt Amma niet iets anders tegen hen?" Ik ben echter gaan begrijpen dat op zulke momenten het geven van adviezen niets helpt. Amma staat Zichzelf toe om gewoon bij hen te zijn en één met hen te worden. Door op deze manier hun pijn te delen verandert Zij deze met Haar bewustzijn en Haar liefde.

Door ieder huidig moment in al zijn volheid te omarmen toont Amma ons hoe we het wonder van het grote onbekende en het mysterie van onze eigen sterfelijkheid met moed en vertrouwen tegemoet kunnen treden. Ik hoop dat degenen die dit dierbare boekje lezen de essentie ervan in zich opnemen en daardoor vrede vinden en deze met anderen zullen delen.

— Swamini Krishnamrita Prana
Amritapuri Ashram

Inleiding

"Kinderen, zelfs als we niet in een positie zijn om anderen materiële hulp te bieden, kunnen we hen ten minste een liefdevolle glimlach of een vriendelijk woord geven. Dat kost niets. Wat nodig is, is een mededogend hart; dat is de eerste stap in het spirituele leven. Degenen die vriendelijk en liefdevol voor anderen zijn, hoeven niet rond te dwalen op zoek naar God, want God komt toegesneld naar het hart dat met compassie klopt. Een dergelijk hart is Gods favoriete woonplaats."

– Amma

Mij vader stierf aan kanker toen ik zesentwintig was. Toen de diagnose gesteld werd, woonde ik al drie jaar in Amritapuri. Ik herinner me nog steeds dat onwerkelijke telefoontje van hem waarin hij uitlegde dat de doktoren twee gezwellen in zijn longen hadden gevonden. Verward en geschokt ging ik naar Amma. Ze zei dat ik onmiddellijk naar hem toe moest gaan om bij hem te zijn. Plotseling was ik zijn voornaamste verzorgster in de laatste zes maanden van zijn leven. Hij was vijftig jaar toen hij stierf.

We hadden altijd al een goede relatie gehad, maar de band die door deze omstandigheden ontstond was diep en heilig. De liefde die er altijd tussen ons was geweest, werd nu openlijk geuit. Deze ervaring had een diepe invloed op mij. De herinnering aan die tijd met mijn vader is een kostbaar juweel dat ik in mijn hart draag.

Ik realiseerde mij op dat moment niet dat Amma door Haar simpele instructie om naar hem toe te gaan en bij hem te zijn een zaadje plantte. Een zaadje dat later mijn inspiratie werd om geestelijk verzorger te worden. Van 2003 tot 2005 heb ik in Amerika als geestelijk verzorger gewerkt. In die periode had ik de gelegenheid samen te zijn met mensen die aan allerlei ziekten leden.

In deze twee jaar werd ik op allerlei manieren tot het uiterste uitgedaagd. Ik moest sterk op mijn geloof vertrouwen om de hoeveelheid lijden die ik zag te kunnen accepteren, er zin aan te geven en die te kunnen bevatten. Deze ervaring heeft mij voorgoed veranderd.

Ik heb met mensen gewerkt die verstoken waren van veel dingen die wij als vanzelfsprekend in het leven beschouwen. Sommigen leden zonder een enkele bron van steun: geen liefhebbende vrienden of familie die hen bezocht, geen sterk geloof om hen steun te bieden, noch een advocaat om hen bij te staan om hun weg in het gezondheidsstelsel te vinden.

Door getuige te zijn van hun nood en leed werd mij keer op keer getoond wat de belangrijkste dingen in het leven zijn: dienstbaar zijn, aandacht schenken en liefhebben.

Hoe meer we naar manieren zoeken om de stervenden van dienst te zijn, hoe meer we zien dat dezelfde regels gelden voor het dienen van de levenden.

Hierover nadenkend, realiseerde ik mij dat dit werk hand in hand ging met Amma's leer en de sadhana (spirituele oefeningen) die Zij aanbeveelt. Amma is de perfecte geestelijke verzorger en het volmaakte voorbeeld voor ons in alle situaties die we in het leven tegenkomen.

Ik ben geen expert. Ik heb simpelweg geprobeerd aandacht te schenken aan wat er in mij en om mij heen gebeurde. Ik deel zowel mijn ervaringen als mijn vergissingen, in de hoop dat wij allemaal ons inzicht en onze capaciteit om aanwezig te zijn en voor elkaar te zorgen in tijden van nood verdiepen.

Het is best mogelijk dat jij een dergelijk telefoontje krijgt en dat bij iemand die jij kent een ongeneeslijke ziekte is vastgesteld. Hoe zul je hierop reageren? Ben je erop voorbereid om

bij een stervende te zijn? Wat zou de geschikt-
ste houding zijn om deze situatie tegemoet te
treden? Hoe kunnen we mensen die sterven
het beste helpen?

Hoewel dit boekje klein is, staat er veel
informatie in die nieuw voor je zou kunnen
zijn. Ik nodig je daarom uit om het langzaam
te lezen en na elk onderdeel de tijd te nemen
om na te denken, het te verwerken, de ideeën
in je op te nemen en te zien hoe je deze op je
eigen situatie kunt toepassen.

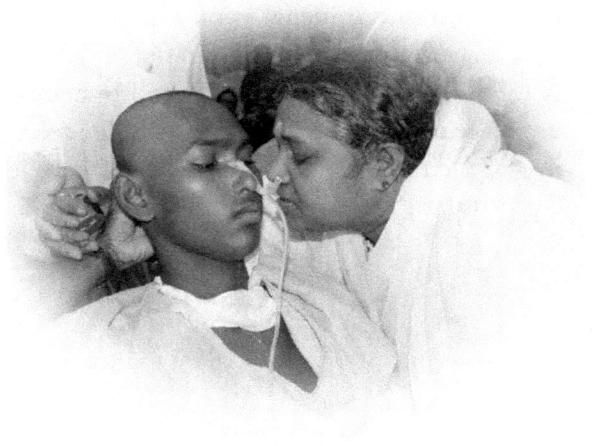

De stervenden

"Het is moeilijk gevoelige mensen, die een hart vol compassie hebben, te vinden. Vind je eigen innerlijke harmonie, het prachtige lied van het leven en de liefde in jezelf. Trek eropuit en dien de lijdende mensen. Leer om anderen voor te laten gaan. Houd rekening met iedereen, want dat is de toegang tot God en tot je eigen Zelf"

– Amma

Het dienen van de stervenden als een spirituele oefening

"Veel mensen willen niet mediteren omdat de stilte die zij tijdens de meditatie ervaren hen doet denken dat ze dood gaan. Je realiseert je niet dat meditatie het reddende principe is, dat het je onsterfelijk maakt. Meditatie brengt je voorbij de kringloop van dood en wedergeboorte. Eigenlijk voorkomt mediteren angst voor de dood. Spirituele oefeningen geven je de kracht en moed naar de dood te glimlachen."

– Amma

Het zitten bij een stervende is een ongelooflijk krachtige spirituele oefening. Het is een gelegenheid die ons uitdaagt om alle deugden in de praktijk te brengen waar we in het spirituele leven naar streven, zoals gelijkmoedigheid, compassie, overgave, vertrouwen en anderen op de eerste plaats zetten. Het biedt een grote kans om Amma's leringen daadwerkelijk te leven.

In dit hoofdstuk kijken we naar enkele spirituele leringen van Amma die we kunnen beoefenen als we een stervende helpen: in het huidige moment zijn, geduld verkrijgen, de waarheid herinneren dat we niet het lichaam maar het Zelf zijn en het hart openen.

In het huidige moment zijn

"Laat wanneer je liefhebt je hele wezen aanwezig zijn in die liefde, zonder enig onderscheid of gereserveerdheid, zoals een kind volledig in het huidige moment leeft. Doe niets half, doe het volledig door in het huidige moment aanwezig te zijn. Pieker niet over het verleden en houd er niet aan vast. Vergeet het verleden en houd op met

dromen over de toekomst. Geef expressie aan jezelf door volledig aanwezig te zijn, hier en nu. Niets, noch het verdriet om het verleden noch de zorgen over de toekomst, mag tussen beide komen als jij je diepste gevoelens uit. Laat alles los en laat je hele wezen door je stemming stromen."

– Amma

Het belangrijkste wat we iemand die stervende is kunnen geven, is aanwezig zijn: actief luisteren en onze volledige aandacht aan hem schenken. Aanwezig zijn betekent een verhoogd bewustzijn en een fijngevoeligheid voor zijn of haar situatie en die persoon op ieder veranderend moment accepteren. Op deze manier wordt de tijd die we met die persoon doorbrengen een vorm van meditatie. Als we Amma darshan zien geven (traditioneel betekent darshan het zien van een heilige maar in dit geval betekent het de zegening die Amma aan mensen geeft door hen te omhelzen) nemen

we de kracht waar van Haar totale aanwezigheid bij de ander. De een na de ander komt bij
Amma. Sommigen komen voor de eerste keer,
anderen zijn verdrietig, sommigen gelukkig
en weer anderen zijn verlegen. Toch ontmoet
Amma iedereen waar hij op dat moment is.

Als je het spirituele pad bewandelt en meer
te weten probeert te komen over je eigen angsten en onbewuste gedrag, zul je veel inzicht
in jezelf verwerven door bij een stervende te
zitten. Als je gewend bent met je eigen oncomfortabele gevoelens en gedachten te zitten
en deze tijdens contemplatie of meditatie te
observeren, dan zul je beter toegerust zijn voor
de oncomfortabele gevoelens die opkomen als
je bij een stervende zit. In feite is elke oefening,
of het nu meditatie is, zingen, de rozenkrans
bidden of het volgen van een twaalfstappen-
plan, een grote hulp voor jezelf en degene die
je bezoekt. Zulke oefeningen helpen ons kalm,
geconcentreerd en aanwezig te blijven, allemaal

essentiële eigenschappen die ons helpen de stervende te dienen.

Amma zegt: "Alleen iemand die van moment tot moment leeft, kan volledig zonder angst zijn. Alleen hij kan de dood vredig omarmen. Dit van moment tot moment leven is alleen mogelijk door meditatie en spirituele oefeningen. Als er ego is, is er angst voor de dood. Wanneer men het ego getranscendeerd heeft, wordt men egoloos en verdwijnt ook de angst voor de dood. In die staat wordt de dood een geweldig moment om te vieren."

Geduld

"Geduld en overgave zijn essentieel voor een spirituele aspirant."

– Amma

Hoe geduldig en tolerant zijn we? Hoeveel compassie hebben we? Dat ontdekken we snel wanneer we regelmatig bij een stervende zitten.

Vaak beginnen onze geliefden, die voorheen vol vitaliteit waren, langzamer te denken en te bewegen. Activiteiten als eten en baden kunnen twee keer zoveel tijd in beslag nemen als voorheen. Mensen kunnen ook belangrijke stemmingswisselingen en persoonsveranderingen ondergaan. Dit zijn allemaal situaties die ons geduld testen als wij de stervende helpen. We moeten er alert op zijn dat we ons geduld bewaren want ongeduld leidt er vaak toe dat we onbedoeld onze wil aan de ander opleggen.

Het doel van onze spirituele oefeningen is om uiteindelijk van grote waarde voor de wereld te zijn. Amma zegt: "Kinderen, om spirituele vooruitgang te boeken is geduld nodig. Verlies nooit je geduld. Doe je spirituele oefeningen met uiterste oprechtheid en wacht geduldig af. Als je oprecht bent, zullen de resultaten komen."

In de dagelijkse praktijk van het helpen van de zieke of terminale patiënt willen we hen

25

misschien opjagen bij een bepaalde activiteit of wensen we dat ze opschieten bij het nemen van een beslissing. Amma geeft hierover een zeer praktisch advies: "Ongeduld vernielt. Wees geduldig. Het ware leven is liefde. Wanneer je liefhebt, kun je je niet haasten. Je moet geduldig zijn. Als je je in een verwarrende situatie bevindt, observeer dan eenvoudig wat er gebeurt. Wees niet grof. Reageer niet. Realiseer je dat het echte probleem niet is wat er gebeurt, maar hoe jij erop reageert. Als je merkt dat je negatief gaat reageren, las op dat moment een pauze in. Houd op met praten."

Ons herinneren dat we niet het lichaam maar het Zelf zijn

"Wanneer we mentale vrede willen, moeten we het verschil inzien tussen het permanente en het vergankelijke en dienovereenkomstig handelen. Al onze

verwanten zullen op een dag heengaan en we zullen alleen zijn. Daarom moeten we over het ware doel van het leven nadenken. Als we met dat begrip leven, zullen we zelfs de dood niet vrezen…

Het is goed als spirituele mensen ten minste eens per maand een ziekenhuis bezoeken. Dat zal de geest sterker en tegelijkertijd zachter maken. Je kalmte vergroten geeft meer vastberadenheid aan de geest. Het hart wordt zachter dankzij compassie. We zullen inzien hoe onbeduidend dit leven is, wanneer we beseffen dat wij de volgende zijn. Door ons er werkelijk bewust van te zijn dat we dood zullen gaan zal de onthechting toenemen. De dood volgt ons als een schaduw. Men moet de onvermijdelijkheid van de dood kennen en begrijpen en zich hard inspannen om de eeuwige waarheid te realiseren voordat het lichaam

vervalt. Niemand weet wie de volgende is.
Niemand kan dat voorspellen."

– Amma

Dit werk is niet voor de lafaards. Bij een stervende zitten kan moeilijk zijn. We worden onvermijdelijk geconfronteerd met onze eigen sterfelijkheid. We zullen ons afvragen: "Hoe zal ik doodgaan? Wie zal mij terzijde staan? Hoe zal het voelen?" Op momenten dat we alleen zijn, kunnen we dit overpeinzen en in het reine komen met onze eigen dood. Wanneer hebben we de meeste voldoening, vrede of vreugde in ons leven ervaren? Wie en wat is echt het belangrijkste voor ons? Waar in ons leven hebben we onafgemaakte zaken?

Amma waarschuwt: "Denk eraan: op ieder moment is deze grote dreiging van de dood aanwezig. Wanneer we ons dat realiseren is dat een dreun voor ons ego. Als we de dreigende nabijheid van de dood voelen, helpt dat ons in het heden te leven. Het helpt ons betrokken te zijn bij anderen."

Het openen van het hart

"De essentie van het moederschap is niet beperkt tot vrouwen die kinderen gebaard hebben; het is een principe dat aanwezig is in zowel vrouwen als mannen. Het is een geesteshouding. Het is liefde, en die liefde is de adem van het leven zelf."

— *Amma*

Of we nu een man of een vrouw zijn, het universele Moederschap in ons allemaal krijgt de kans te bloeien wanneer we stervenden helpen. Deze ervaring geeft ons een prachtige gelegenheid om uit ons hoofd te geraken en in ons hart te komen.

Een van Amma's brahmacharini's werkte als vrijwilligster in een verpleeghuis voor terminale patiënten in San Francisco, voordat zij

Amma ontmoette. Daar bezocht ze een paar keer een jonge vrouw die stervende was aan longkanker. Deze vrouw was moeilijk om mee om te gaan, omdat ze erg grof en agressief was.

Op een dag belde het ziekenhuis de vrijwilligster op om te zeggen dat de conditie van de vrouw plotseling verslechterd was en dat zij waarschijnlijk binnen vierentwintig uur zou sterven. Ze waren bezorgd omdat ze haar familie niet konden vinden en vroegen of zij kon komen om bij de patiënt te zitten.

Ze ging naar het ziekenhuis. Zodra ze de kamer binnenkwam, zag ze dat de jonge vrouw vreselijk bang was en dat ze ademhalingsproblemen had. Ze probeerde met haar te praten maar er was niets wat ze kon zeggen of doen om haar te kalmeren. Dus bleef ze daar urenlang eenvoudig zitten. Ze richtte zich erop daar aanwezig te zijn bij de stervende vrouw, met heel haar hart en ziel. Ze probeerde haar eigen hart toe te staan open te zijn voor de aanwezigheid van de vrouw en haar angst. Uiteindelijk leek de vrouw te kalmeren.

Na een paar uur arriveerde de familie en de vrijwilligster verliet het ziekenhuis. Toen ze op de bus stond te wachten, merkte ze dat haar hart wijd openstond, op een manier die ze nog nooit eerder ervaren had. Ze voelde op een zeer diepe wijze dat ze van alles en iedereen hield. Toen ze de bus instapte, wilde ze zelfs de buschauffeur omhelzen.

De momenten die we met iemand die sterft doorbrengen, hebben een eigen karakter; alle sociale maskers gaan overboord. Als we met een stervende praten, kunnen we ons meer bewust worden van de tijd en van het feit dat hun tijd beperkt is. Het dringt tot ons door dat veel waarover we praten eigenlijk zeer onbeduidend en zelden van belang is. We voelen de urgentie met betrekking tot de tijd en hoe kostbaar tijd is. We begrijpen beter wat Amma bedoelt als Ze ons zegt: "Verlies geen tijd. Amma maakt zich geen zorgen over het verlies van tien miljoen roepies maar Amma is werkelijk bezorgd over de verspilling van zelfs een enkel moment. Geld kan opnieuw verkregen worden; tijd die verloren is, niet. Kinderen, wees je altijd bewust van de waarde van tijd."

Als je veel tijd doorbrengt met iemand die stervende is, kan het niveau van intimiteit dat je tussen jullie ervaart heel diep zijn. De gewone dagelijkse beslommeringen, de waslijst met dingen die gedaan moeten worden, de onenigheden met medewerkers en alle dingen die ons van het huidige moment afleiden zijn voor een groot deel van de tijd afwezig als we onze geliefde bezoeken.

We beginnen ons te realiseren dat de gebeurtenissen in ons leven die we problemen noemen, niets zijn vergeleken met de situatie van de stervende. Dat is een geschenk dat de stervende ons onbewust geeft. Zij maken dat we het langzamer aan doen en laten ons zien wat belangrijk en zinvol in het leven is. We kunnen er allemaal bij gebaat zijn als we ons zo op een dieper niveau tot elkaar verhouden. Gewoonlijk voelen we ons erg gevoed wanneer er een hart tot hart verbinding met anderen plaatsvindt. Dit is een waardevolle ervaring die ons kan verrijken en wij kunnen, op onze beurt, die ervaring op andere gebieden van ons leven delen.

Heling

"Liefde kan het verwonde hart helen en de menselijke geest transformeren. Door liefde kan men alle obstakels overwinnen. Liefde kan ons helpen alle fysieke, mentale, en intellectuele spanning te laten varen en daardoor vrede en geluk te brengen. Liefde is de nectar die schoonheid en charme aan het leven toevoegt. Liefde kan een nieuwe wereld creëren waarin je eeuwig en onsterfelijk bent."

– Amma

Dit proces is cyclisch: spirituele oefeningen helpen ons bij een stervende te zitten en het zitten bij stervende is een enorm krachtige spirituele oefening. Het is ook een wisselwerking: de eigen onopgeloste emotionele wonden kunnen aan het licht komen, wat een kans voor heling kan vormen. Een geestelijk verzorger vertelde me het volgende verhaal:

"Ik werd gevraagd een jongen te bezoeken die neergeschoten was. Hij was in een kritieke toestand en er werd niet verwacht dat hij zou overleven. Toen men mij over hem vertelde, begon mijn hart snel te kloppen. Ik ging naar de afdeling. Ik kan mij niet herinneren dat er nog iemand anders in de kamer was, alleen deze bewusteloze jongen met buizen, slangetjes en lampjes om hem heen. Ik herinner mij vaag dat ik een paar minuten naar hem keek, naar zijn moeizame ademhaling luisterde en toen de kamer weer verliet. Pas toen ik halverwege de gang was realiseerde ik mij dat ik mij aan de muur vasthield.

Mijn zus werd in haar achterhoofd geschoten toen ze zestien jaar was. Ze lag twee dagen in coma en stierf toen. De kogel die mijn zuster trof, ontredderde ons hele gezin. We hadden geen geloof, niets dat ons hielp dit te verklaren, niets om ons aan vast te houden, zelfs niet aan elkaar. Mijn vader geloofde niet in counseling; hij vond dat dit voor zwakke en gestoorde mensen was. Dus ieder van ons trok zich in zijn eigen verwarring en pijn terug gedurende de volgende vijfentwintig jaar. Ik was toen tien jaar.

Toen ik aan het bed van die jongen geroepen werd, die dezelfde leeftijd had als mijn zus op het moment dat ze neergeschoten werd, realiseerde ik mij dat ik nog steeds niet alle diepe wonden had geheeld, die ik door haar plotselinge dood met mij meedroeg, hoewel ik jarenlang met dit thema gewerkt had. Ik

was totaal niet tegen de situatie met deze
jongen opgewassen."

Het helpen van een stervende is een zeer nuttig meetinstrument om te zien waar we staan
in termen van emotionele volwassenheid. Al-
lereerst moeten we vaststellen of we bereid en
in staat zijn om te gaan met de gegeven situatie. Als we denken dat we niet in staat zijn
emotioneel te helpen, moeten we een keuze
maken: of eerlijk zijn over ons onvermogen
om deel te nemen, of de bereidheid hebben het
als een gelegenheid te zien om aan ons eigen
helingsproces te beginnen of dat te verdiepen.
De belangrijkste factor is dat we bewust blijven hoe de omstandigheden ons beïnvloeden.
Elizabeth Kübler-Ross[1] legt in haar boek over

---

[1] Elizabeth Kübler-Ross, M.D. (1926 – 2004) was
een in Zwitserland geboren psychiater en auteur van
het baanbrekend boek *On Death and Dying*. Haar
toewijding en vastberadenheid brachten voorgoed
verandering in hoe de wereld zijn stervenden bejegent.

stervensbegeleiding *Living with Death and Dying* uit: "Het is essentieel dat iedereen die zorg draagt voor de stervenden en hun gezinnen op elk moment zijn eigen zorgen en vrees begrijpt om projectie van hun eigen angsten te voorkomen."[2]

Haar onvermoeibare inspanning om te waarborgen dat degenen die stervende zijn met compassie en respect behandeld worden, zijn nu de standaard geworden in de terminale zorg. Dr. Ross leerde de wereld dat sterven eigenlijk gaat over leven en dat ons werk hier bestaat uit het leren onvoorwaardelijk lief te hebben.

[2] Kübler-Ross, Elizabeth, *Living with Death and Dying*, New York: Macmillan, 1981, blz. 16

Spanning

Het is belangrijk niet te vergeten dat ziekte en sterven uitermate veel spanning kunnen veroorzaken. Veel van wat er gebeurt, is onvoorspelbaar en onbekend. Gewoonlijk associëren we spanning met activiteit. Dus als iemand in bed ligt, herkennen we dat niet als stressvol. Bij de meeste mensen brengt spanning hun slechtste kant naar boven. Dit geldt niet alleen voor de stervende, maar ook voor de zorgverleners en de geliefden. In dit licht bezien is het heel nuttig om ons af te vragen: "Wat helpt mij om deze spanning aan te kunnen?" vooral als we die vaardigheden in het dagelijks leven kunnen integreren.

Maar niet iedereen reageert op ziekte met spanning. Sommige mensen gaan het door hun ziekte kalmer aan doen en beginnen veel dingen in hun leven te waarderen. Zij ontdekken de mogelijkheid om enorm veel dankbaarheid te ervaren voor de mensen en dingen in hun leven die hen gelukkig maken. Dus is het belangrijk, zoals met de meeste levenservaringen, er rekening mee te houden dat zich veel verschillende reacties kunnen voordoen.

Vaak ervaren we op een bepaald moment in het proces dat we doormaken met iemand die een ernstige ziekte heeft, een gevoel van machteloosheid en verlies van controle. Hoe graag we ook willen dat de dingen anders zouden gaan, hoeveel we ook van die persoon houden, we kunnen geen verandering brengen in wat zij doormaken. Het is normaal om je op sommige momenten hulpeloos en machteloos te voelen; in feite zijn we machteloos. Leren onze machteloosheid te accepteren en controle op te geven is een noodzakelijke stap naar spirituele volwassenheid. Het liefst willen we leren hoe we ons gracieus en met het juiste begrip over kunnen geven. Dit is een proces dat we acceptatie van hoe het leven zich naar Gods wil ontvouwt, kunnen noemen, oftewel vertrouwen in een hogere macht.

Veel ziekten zijn degeneratief, wat in de loop der jaren een langzame en geleidelijke achteruitgang van het lichaam veroorzaakt. Deze voortwoekerende ziekten zijn zeer pijnlijk en de patiënten hebben gewoonlijk lange tijd zorg nodig. De thema's die in dit boekje besproken worden zoals spanning, verlies, hoop, etc. zijn niet alleen van toepassing wanneer onze geliefden een terminale ziekte hebben, maar ook bij chronische ziektes.

Als een zorgverlener of vriend voor iemand zorgt die ernstig ziek of stervende is, is het normaal dat hij stress, uitputting, verwarring, ergernis of verdriet voelt. Wees zacht voor jezelf; jouw zorg en aanwezigheid zijn onbetaalbare geschenken.

Verlies

"Spirituele realisatie is de capaciteit een liefdevolle houding te hebben naar alle wezens, door het derde oog te kijken terwijl je je andere twee ogen wijd open houdt. De vervulling van spiritualiteit is het vermogen anderen te accepteren en te begrijpen zoals zij zijn."

— Amma

De terminaal zieke patiënt wordt met de meest kwetsbare situatie in zijn leven geconfronteerd. Er zijn veel dingen die we in ogenschouw moeten nemen om gevoeliger te zijn voor wat er precies gebeurt met de patiënt die ziekte en dood onder ogen ziet.

Door de dood verliest het wezen dat we 'ik' noemen alles. Jij kunt iemand verliezen van wie je erg veel houdt, maar de persoon die sterft, verliest alles en iedereen van wie hij houdt. De verlieservaring begint op het moment dat de diagnose gesteld wordt. Alles verandert, vooral de relatie die de persoon met het eigen lichaam en het functioneren ervan heeft. Het komt zelfs veel voor dat men zich verraden voelt door zijn eigen lichaam.

Zodra iemand in een ziekenhuis wordt opgenomen, vindt er al een reusachtige verandering in zijn leven plaats. Wanneer we iemand bezoeken die doodgaat, moeten we ons daarvan bewust zijn. Gezonde mensen wonen in hun huis waar ze zich comfortabel voelen. Ze eten wat en wanneer ze willen. Zij hebben keuzes. Ze spelen door de dag heen verschillende rollen en krijgen aandacht. Ze hebben op allerlei niveaus contact met mensen. Ze hebben lichamelijke intimiteit met hun partner en brengen hun vrije tijd door zoals ze dat graag willen.

Wanneer iemand wordt opgenomen, bevindt hij zich plotseling in een bed, dat meestal oncomfortabel is, met gekreukte lakens en moet hij tien uur per dag naar slecht kunstwerk aan de muur staren. Het ziekenhuishemd sluit niet goed, het laat de rug bloot. Niemand klopt voordat hij binnenkomt of vraagt of het een geschikt tijdstip voor een bezoek is. Verpleegsters, doktoren, schoonmakers en degenen die het eten rondbrengen, stappen dag en nacht de kamer binnen. De patiënt is niet alleen gescheiden van familie en geliefden, maar heeft bovendien geen enkele privacy.

Een andere enorme verandering voor de patiënt is dat zijn lichaam niet langer van hem is. Mensen onderzoeken het en porren erin, veroorzaken pijn, ontbloten het en staren ernaar. Het lichaam wordt binnengedrongen op een manier die bij niemand op zou komen buiten het verband van de ziekte. Het lichaam wordt een object om te onderzoeken en te genezen. De persoon die erin woont, wordt soms vergeten.

Hoe mensen zichzelf zien, en dus de wereld ervaren, verandert door ziekte. Het lichaam waarmee we zo geïdentificeerd zijn, voelt, beweegt en ziet er niet langer uit zoals het deed. Mensen verliezen misschien hun haar, gewicht of zelfs een orgaan of ledemaat. Als hun identiteit gebaseerd is op hun fysieke verschijning, kunnen zulke veranderingen zeer veel verdriet en angst veroorzaken.

Een terminale diagnose verandert onmiddellijk elke relatie die men met anderen heeft. Mensen verhouden zich niet langer op dezelfde manier tot de terminale patiënt. Open, eerlijk en gezellig een gesprek voeren, en met name discussiëren en ruzie maken, behoren tot het verleden. De deelname aan het dagelijks leven wordt dramatisch beperkt. Hierbij komt ook nog het besluitvormingsproces over de mogelijke behandelingen en de daarbij horende bijwerkingen. En dan is er de enorme angst voor het onbekende, de angstaanjagende gedachte dat het leven nooit meer zal zijn zoals het in zijn gezonde staat was.

Iemand kan dus van de ene op de andere dag overgaan van een vol en actief leven naar isolatie, angst en eenzaamheid. Als we dit in gedachten houden, zal dat ons helpen om gevoeliger en meelevender te zijn voor degene van wie we houden.

Verschillen tussen mannen en vrouwen

"Vrouwen en mannen zijn niet twee, maar één. Zij zijn twee aspecten van de ene waarheid, als de twee zijden van een munt. Wat vrouwen niet kunnen, kunnen mannen en wat mannen niet kunnen, kunnen vrouwen. Hun dharma's (plichten) vullen elkaar aan."

– Amma

Omdat vrouwen en mannen soms op totaal verschillende manieren door het leven gaan, kunnen de thema's die bij een terminale ziekte opkomen, voor hen ook anders zijn. Ik wil mannen en vrouwen niet stereotyperen. Ik behandel dit thema omdat dit verschil zo op de voorgrond trad bij mijn ervaring met zieke en stervende mensen. Toen ik patiënten begon te bezoeken, was ik mij totaal niet bewust van deze verschillen. Maar toen ik dit werk een paar maanden gedaan had, was ik verbaasd een patroon waar te nemen bij bijna al mijn patiënten.

Vrouwen bij wie kanker is vastgesteld, veranderen bijvoorbeeld over het algemeen van iemand met de rol van verzorgster naar iemand die om hulp moet vragen en hulp moet ontvangen. Veel vrouwen zijn niet gewend om hulp te vragen. Zij hebben het gevoel dat zij tot last van hun geliefden zijn, wanneer zij zeggen wat ze nodig hebben. Mannen voelen zich over het algemeen heel ellendig over het feit dat ze niet langer kunnen werken om hun gezin te onderhouden.

Toen ik me meer bewust werd van deze gemeenschappelijke thema's die zich bij vrouwen en mannen voordoen, kon ik gevoelig zijn voor hun situaties met als resultaat dat mijn bezoeken zinvoller werden.

Hieronder volgt een voorbeeld van een gesprek tussen een bezoeker en een vrouwelijke patiënt. Dit gesprek geeft ons een indruk van de thema's die vooral vrouwen onder ogen moeten zien: verandering van rollen, het vragen om hulp, tot last zijn van het gezin, het beschermen van de echtgenoot en het gemis van geliefde personen. Dit is geen pasklare formule. Er zijn geen perfecte vragen of antwoorden.

Gesprek 1 – Verandering van rollen (vrouwelijke patiënt)
Bezoeker: Hoe gaat het ermee?
(De patiënt begint meteen te huilen. De bezoeker laat haar een tijdje huilen. Uiteindelijk vraagt de patiënt om een washandje dat de bezoeker aanreikt.)
Bezoeker: Weet je waar die tranen vandaan komen?

Patiënt: Ja, ik denk dat ik overdonderd ben, dat vermoed ik. Ik heb zo'n geluk gehad, de operatie is perfect verlopen. Maar mijn man en gezin…*(ze begint harder te huilen).* Het is zo moeilijk voor hen geweest. Mijn man heeft echt een moeilijke tijd. Hij heeft de zorg voor de kinderen en gaat ook nog naar zijn werk. Ik weet dat hij zich zorgen maakt over de financiën.

Bezoeker: Ik kan aan je tranen zien dat het echt een moeilijke tijd voor je geweest is. Het klinkt alsof er een rol-verwisseling heeft plaatsgevonden voor jullie beiden. Je zult het wel missen om daar te zijn en voor iedereen te zorgen.

Patiënt: Ja. Ik heb het gevoel dat ik bij jou uit kan huilen, want ik voel me veilig bij jou. Aan hem kan ik niet laten zien dat ik me niet meer in kan houden, want dat zou de spanning nog groter maken.

We kunnen zien dat de bezoeker reageert op wat er in het moment gebeurt en de patiënt toestaat uiting te geven aan haar angsten en emoties. De onderwerpen die opkwamen zijn heel krachtig en duidelijk belangrijk in het leven van deze persoon: geld, gezin, stress, lichamelijke ziekte en afhankelijkheid van anderen.

Het volgende gesprek behandelt enkele onderwerpen die meer bij mannen voorkomen.

Gesprek 2 – Kostwinner zijn (mannelijke patiënt).

Bezoeker: Hoe is je leven veranderd sinds er vier maanden geleden voor het eerst een diagnose werd gesteld?

Patiënt: Nou, toen ik echt ziek werd, moest ik ophouden met werken. Mijn vrouw Claire maakte hier alles met me mee. Nu moet zij veel werken.

Bezoeker: Ben je nu veel alleen?

Patiënt: Ja.

Bezoeker: Hoe is dat voor je?

Patiënt: Een beetje zwaar. Met de zaak weet je, ik kan niets optillen.

Bezoeker: Je mist het werk.

Patiënt: Ja, ik weet niet wat ik nu moet doen.

Bezoeker: Ik denk dat je je vrij geïsoleerd voelt.

Patiënt: Ja, je hebt gelijk, dat is zo.

Bezoeker: Hoe is het voor je dat Claire nu zo hard moet werken?

Patiënt: Dat is zwaar. Ik ben jaloers.

Dat hij van zijn vrouw afhankelijk was voor inkomen en zich hulpeloos en zwak voelde, stelt het zelfbeeld van deze patiënt zwaar op de proef. Dit voegt nog meer stress toe aan het omgaan met zijn ziekte. Deze patiënt voelt zich niet schuldig omdat zijn vrouw meer moet werken, hij is jaloers. Meestal vervult de man de rol van kostwinner in het gezin en hij kan geïdentificeerd raken met de baan die hij buitenshuis heeft. Als mannen door ziekte niet kunnen werken, herkennen zij zich niet meer en voelen zich soms nutteloos. Deze diepe emoties leiden vaak tot een depressie. Over het algemeen ervaren mannen dit zo, maar ook vrouwen kunnen vergelijkbare emoties en reacties hebben door hun veranderde rol in het gezin.

Het ontwikkelen van bewustzijn van deze thema's bereidt ons beter voor op ons bezoek en op de emoties die de persoon zou kunnen ervaren.

Hier is een ander gesprek met een mannelijke patiënt, die over dezelfde onderwerpen gaat en tevens over het thema van het verlangen naar de dood.

Gesprek 3 - Kostwinner zijn (mannelijke patiënt)
Bezoeker: Hé John. Hoe gaat het?
Patiënt: Goed.

Bezoeker: Ben je hier voor een behandeling?

Patiënt: Ik word bestraald. Ik heb aan de dokter gevraagd of ik niet gewoon weg kon gaan. Hij zei "Nee."

Bezoeker: Je wilt naar huis?

Patiënt: Nee, ik wil begraven worden.

Bezoeker: Heb je er genoeg van?

Patiënt: Ja, ik haat het om hier alleen maar in dit bed te liggen. De afgelopen vijftien maanden ben ik ziek geweest. Eerst waren het mijn longen en nu zijn het de hersenen. Zelfs thuis moet ik in bed blijven. Mijn twee zoons zijn overgekomen uit Arizona. Ik heb ze gezegd dat ze naar huis moeten gaan.

Bezoeker: Het klinkt alsof je je in een heel moeilijke situatie bevindt.

Patiënt: Ja, ik wil alleen maar slapen, een injectie krijgen en gaan slapen. Maar mijn vrouw zegt "Nee".

Bezoeker: Heb je tegenstrijdige gevoelens omdat zij het niet met je eens is?

Patiënt: Een beetje. Zij gelooft dat God je komt halen als Hij er klaar voor is.

Bezoeker: En jij denkt daar anders over?.

Patiënt: Nou nee. Ik wil alleen maar slapen. Voor mij heeft het geen zin om hier alleen maar te liggen en anderen voorbij te zien lopen terwijl ik zelf niet kan lopen.

Bezoeker: Voel je je nutteloos omdat je niet productief bent?

Patiënt: Ik heb mijn hele leven gewerkt en het hele land door gereisd...Ik weet niet.

Bezoeker: Het klinkt alsof je heel actief was en nu alles veranderd is.

(Stilte)

Bezoeker: Heb je er vrede mee te sterven?.

Patiënt: *(aarzelend)* Ja, maar mijn vrouw is er niet klaar voor. Zij vindt dat ik moet wachten totdat ik geroepen word. Ik ben gewoon doodmoe van dit alles.

Soms is de patiënt eraan toe om te sterven, bijvoorbeeld vanwege ernstige chronische pijn of, zoals in dit gesprek, omdat hij zich nutteloos voelt. Maar familieleden en vrienden kunnen daar anders over denken en dit conflict creëert vaak een gevoel van afgescheidenheid en eenzaamheid voor de patiënt. Deze gevoelens kunnen versterkt worden door de aanwezigheid van de medische staf, die er allemaal ijverig aan werken om de patiënt in leven te houden. In zulke situaties moeten we goed luisteren naar de gevoelens van de patiënt. Als wij het ook moeilijk vinden de patiënt respectvol te ondersteunen in deze kwestie, kunnen we onze gevoelens en emoties met een vriend of therapeut verwerken.

Fasen van verliesverwerking

De fasen van rouwverwerking die Elizabeth Kübler- Ross beschrijft, zijn een zeer bekend onderdeel van het stervensproces: woede, ontkenning, onderhandelen, depressie en acceptatie.[3] Na de diagnose overheerst meestal één van deze vijf fasen bij de stervende en hun geliefden. Ik herinner mij dat ik op één dag alle vijf fasen doorliep.

In mijn tweede jaar als geestelijk verzorger kwam ik de kamer binnen van Alex, een achttienjarige jonge vrouw, die vocht tegen de klok in wanhopige afwachting van een longtransplantatie. We hadden meteen contact. Ik bracht drie uur bij haar door, pratend over wat er na de dood gebeurt, of zelfdoding ooit te

---

[3] Kübler-Ross, Elizabeth, *Living with Death and Dying,* achterkant

rechtvaardigen is, haar angsten, haar gevoelens van afzondering, haar familie en bovendien alle zaken waar achttienjarigen doorheen gaan (bijvoorbeeld waarom haar vriend haar niet belde). Ze deelde met mij ook de verschillende manieren waarop ze met haar ziekte was omgegaan. Als ze bijvoorbeeld te moe werd wanneer ze met haar vriendinnen door het winkelcentrum liep en hen niet bij kon houden, bedacht ze smoesjes om te kunnen stoppen om weer op adem te komen zoals: "O, kijk eens naar dit T-shirt! Kijk deze schoenen!"

Haar openheid naar mij was opmerkelijk. Onnodig te zeggen dat ik na drie uur gehecht aan haar geraakt was. Ik was geraakt door haar kracht en moed. Terwijl ze praatte, begon ze soms te hoesten, raakte buiten adem en begon blauw te zien. Op een geven moment moest ze tijdelijk aan het beademingsapparaat. Het brak mijn hart om dit te zien en mij machteloos te voelen.

Ik was emotioneel erg geraakt door dit bezoek. In de trein, op weg naar huis, begon ik tot God te bidden. Ik werd me bewust van vele sterke gevoelens die in mij op kwamen zoals boosheid, verwarring en verdriet. Ik voelde me ook erg depressief en machteloos. Bij het zoeken naar een oplossing begon ik te onderhandelen en ik vroeg me zelfs af of het mogelijk was dat ik haar een van mijn longen gaf. Mijn gedachten bleven door me heen razen.

Ik lag de hele nacht in bed te woelen terwijl ik door al deze stadia van verdriet ging. De volgende morgen bereikte ik, na een tijdje gemediteerd te hebben, een staat van enige helderheid en acceptatie maar volledig was het niet. Alex was niet in haar kamer toen ik haar de volgende morgen bezocht. Ik dacht dat ze gestorven was en tranen sprongen in mijn ogen. Toen ik de zuster ernaar vroeg vertelde ze dat zij in de operatiekamer was. Er was iemand gestorven en midden in de nacht waren de longen met een helikopter gebracht.

Ik was in deze situatie alleen maar een kennis en toch zie je hoe sterk ik de vijf stadia van droefheid ervoer. Kun je nagaan waar de stervende doorheen gaat.

Deze fasen kunnen zich in iedere volgorde voordoen en kunnen een minuut, een dag, een maand of een jaar duren. Er bestaat geen vaste formule of patroon voor. We moeten in gedachten houden dat deze gevoelens heel normaal en natuurlijk voor de stervende en zijn geliefden zijn. Als je bijvoorbeeld een vriend bezoekt die stervende is en hij over het eten klaagt, over de onbekwaamheid van de verpleegster en zelfs jou bekritiseert, probeer je dan te herinneren dat woede een van de verwerkingsstadia is en dat dit de manier is waarop de woede van je vriend zich manifesteert. Vat het niet persoonlijk op en probeer niet te reageren of te oordelen.

Ontkenning is een zeer gecompliceerde geestestoestand die vaak een rol speelt bij degene die sterft of bij iemand die hem erg nabij is. Soms nemen we aan dat het gezonder zou zijn als de stervende zijn naderende dood zou accepteren en ermee om zou kunnen omgaan.

Vaak beïnvloedt de ontkenning van de stervende degenen van wie hij houdt, meestal de kinderen. Dat men niet bereid is om de eigen dood te accepteren, schijnt ontkenning bij familie en vrienden aan te moedigen en te verlengen. Sommige mensen zijn er nooit aan toe om over hun dood te praten en sterven zonder er ooit met een woord over gerept te hebben. Dat hoeft niet per se te betekenen dat zij de dood ontkenden.

Soms gaan mensen heel ver met het 'beschermen' van hun kinderen of echtgenoten. Zij hebben het recht te beslissen hoe ze zullen sterven. Zelfs wanneer we denken dat het psychologisch ongezond of verdringing is, is het niet aan ons te oordelen. Als het onze beurt is, kunnen we het doen zoals wij dat willen.

Soms blijft iemand wel erg lang in de ontkenningsfase als hij hoort dat zijn partner of kind terminaal ziek is. We kunnen ertoe geneigd zijn om die persoon naar onze versie van de werkelijkheid te leiden. Het kan werkelijk je geduld testen om naar iemand te zitten luisteren die weigert te geloven dat zijn geliefde ziek is, vooral wanneer de ontkenning dagen, weken of zelfs maandenlang duurt.

De steun die je op dat moment geeft, mag niet doelgericht zijn. Het is geen probleem dat opgelost moet worden. Als we van nature probleemoplossers zijn, moeten we onze manier van denken aanpassen en ons realiseren dat wat nu nodig is meer over zijn dan over doen gaat. Eenvoudig aanwezig zijn bij de verwarring en pijn van de ander is het meest behulpzaam voor hem.

De onderliggende waarheid, die vaak over het hoofd gezien wordt, is dat niemand echt weet wanneer iemand gaat sterven. We denken misschien dat iemand in de ontkenningsfase zit, maar hij kan in de staat van 'het niet weten' zijn, wat in feite dichter bij de waarheid is. Mensen herstellen, er kunnen wonderen gebeuren of een ziekte kan jaren duren. We kunnen het nooit zeker weten, zelfs niet wanneer het ernaar uitziet dat de patiënt zeer binnenkort zal sterven.

Mijn vriendin vertelde mij het volgende verhaal:

"Ik had een vriendin van wie de vader in het ziekenhuis lag en men dacht dat hij zou sterven. Maar uiteindelijk kreeg haar moeder, totaal onverwachts, een hartaanval en stierf vrijwel onmiddellijk, terwijl haar vader herstelde."

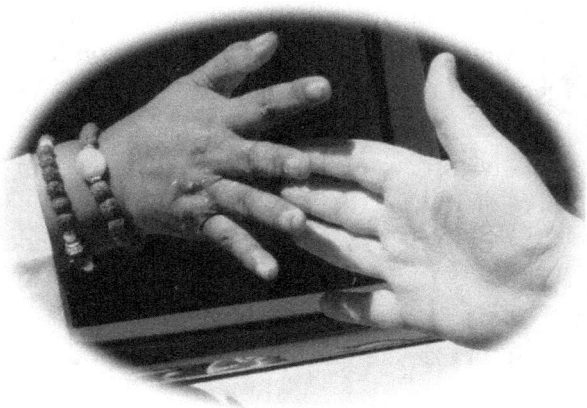

Het bezoek

"Mensen willen eeuwig leven. Niemand
wil sterven. De gedachte dat de wereld
na jouw dood doordraait zonder jou,
doet je beven. Het leven gaat zonder jou
door en je zult alles missen wat mooi is: je
huis, je vrienden, je vrouw, je kinderen,
de bloemen in de tuin en hun geur.
Omdat de dood de grootste bedreiging is,
de grootste angst, de grootste dreun voor
ons ego, proberen mensen ieder moment
deze angst voor de dood te verhullen en te
vergeten, door achter wereldse genoegens
aan te jagen."

– Amma

De kamer binnengaan

Stel je voor dat we op weg zijn om iemand te bezoeken bij wie een ernstige ziekte is vastgesteld. Voordat we de kamer binnengaan, halen we een paar keer diep adem en concentreren we ons.

Wanneer we zieken en stervenden bezoeken, verbinden twee harten zich en opent zich een heilige ruimte. Het werkt het best wanneer we met een stabiele, gevoelige, open houding aanwezig zijn. In deze stemming hebben we de gelegenheid veel over onszelf te leren; de stervende patiënt dient vaak als een spiegel die onze eigen angst voor verlies, verdriet, negativiteit en controlekwesties weerspiegelt. We kunnen dan zorgvuldig onze reacties observeren en ons afvragen: "Hoe kwam het dat ik gillend de kamer uit wilde lopen?"

Er wordt gezegd dat drieënnegentig procent van alle communicatie non-verbaal is. Hoe we de kamer binnenkomen, hoe we zitten en hoe we ons tot de persoon verhouden, is in wezen belangrijker dan wat we zeggen. Welke boodschap zenden we uit als we op twee meter afstand aan de andere kant van de kamer gaan zitten, op de stoel die het dichtst bij de deur staat? Wat vertelt het de persoon als we geen oogcontact kunnen maken en uit het raam blijven staren?

Zelfs als de persoon maar een kennis is, schroom dan niet om de stoel dicht bij het bed te zetten. Als je je op je gemak voelt en het geen probleem is (door een aangesloten infuus bijvoorbeeld) raak dan zachtjes zijn hand aan. De meeste mensen worden in het ziekenhuis niet op een liefdevolle manier aangeraakt. Ze worden gepord en geduwd en onderzocht, maar niet vastgehouden of geliefkoosd.

De manier waarop Amma ervoor kiest darshan te geven, laat zien hoe belangrijk aanraking is. Met de gezondheid van Amma's lichaam voor ogen hebben veel toegewijden Amma gesmeekt Haar benadering te wijzigen en mensen alleen op hun hoofd te tikken om hen te zegenen, maar Amma weigert dat zelfs ten koste van Haar eigen comfort. Zij weet dat stevig vastgehouden worden een blijvend en transformerend effect heeft op iedereen die Haar krachtige omhelzing ervaart.

We mogen nooit de voedende en helende kracht van onze eigen aanraking onderschatten, vooral niet als we met stervende mensen werken. We kunnen de patiënt eenvoudig vragen: "Vind je het goed dat ik je hand vasthoud?" of "Zou je een voetmassage willen?"

Op een bepaald moment tijdens ons bezoek voelen we waarschijnlijk de behoefte iets te doen voor degene die we bezoeken. Deze impuls is heel natuurlijk en normaal. Er zijn kleine dingen die we kunnen doen om het voor de patiënt aangenamer te maken. Natuurlijk vragen we het eerst voordat we iets doen. Hier volgen enkele suggesties: de kussens opschudden, een slokje water geven (wanneer dat is toegestaan, misschien moet je dat bij de verpleging navragen) of mondverzorging toepassen, zoals het met een spons bevochtigen van de lippen, voorlezen, een koude doek op het voorhoofd leggen, etc.

Als de patiënt thuis terminale zorg krijgt, willen we misschien de zorgverlener helpen door het brengen van een maaltijd of door het verrichten van simpele taken als de afwas doen. We kunnen ook aan de voornaamste zorgverlener vragen wat die nodig heeft. Zulke kleine handelingen helpen ons om ons nuttig te voelen en kunnen zeer gewaardeerd worden.

De grote roze olifant

Als we een stervende bezoeken, denken we misschien dat er maar twee mensen in de kamer zijn, de stervende en wij. Maar in feite is er een derde aanwezig 'de grote roze olifant'. Ik ben vaak getuige geweest van het eerste bezoek van vrienden en familieleden aan een zieke vriend of verwant. Ze praten over het weer, het laatste nieuws en sport, maar noemen nooit de grote roze olifant, de reden waarom de patiënt in het ziekenhuis is opgenomen. Wees niet bang dit ter sprake te brengen.

Hier volgen een paar dingen die je zou kunnen zeggen. "Pap, we hebben het nooit over de dood gehad. Wat zijn jouw ideeën over de dood?" Of "Mary, wat voor gedachten en gevoelens gaan er door je heen sinds de diagnose gesteld is?" Als dat te confronterend lijkt, kunnen we er eenvoudig een stoel bij zetten, de persoon in de ogen kijken en zeggen: "Hoe ga je nou met dit alles om?" Deze simpele vraag laat hem weten dat we bereid zijn een onderwerp met hem te bespreken dat emotioneel moeilijk kan liggen. Wanneer de persoon antwoordt door over het weer te praten, is dat goed, dat is zijn goed recht. De volgende dag zal hij zich misschien herinneren dat we bereid zijn over gevoelens en emoties te praten. We hebben in ieder geval de deur geopend.

De stervende kan ons ook testen om te zien hoeveel moed we hebben en of we werkelijk iemand zijn aan wie hij zijn gevoelens kan toevertrouwen. Het kan soms lijken of de patiënt boos is en zeer vijandig naar ons, misschien beschuldigt hij ons van de situatie waarin hij zich bevindt, bijvoorbeeld omdat wij hem in het ziekenhuis lieten opnemen. Ik had zo'n ervaring en toen ik de volgende dag voor een bezoek terugkwam, zei de patiënt tegen me: "Dus ik heb je uiteindelijk toch niet afgeschrokken. Ik was er zeker van dat je niet terug zou komen."

Soms kunnen we ons verloren voelen omdat we ons niet kunnen voorstellen wat de persoon ervaart. In zo'n geval kan het nuttig zijn om een open gesprek aan te gaan om deze gevoelens te uiten. We kunnen zeggen: "Ik kan me gewoon niet voorstellen waar je op dit moment doorheen gaat. Kun je dat voor mij beschrijven?"

De onzichtbare patiënt

"Hoewel een voorwerp recht voor onze neus staat, zullen we het niet zien als onze geest afwezig is. Ze zeggen wel: "Het is niet voldoende dat je ogen hebt, maar je moet ook kijken."

– Amma

Soms heb ik het gevoel dat de patiënten willen uitschreeuwen: "Kijk naar me! Luister naar me! Begrijp me!" Ik heb gezien dat veel doktoren, verplegend personeel, voedingsassistenten, etc. de patiënt praktisch negeren. Mogelijk gebeurt dit omdat het voor iedereen moeilijk is een ander pijn te zien lijden. Het is natuurlijk nog moeilijker wanneer het iemand is van wie we houden. Dit is een situatie die ons het meest op de proef stelt. Wanneer we merken dat we de persoon negeren omdat we bang zijn of ons oncomfortabel voelen, kunnen we ons onmiddellijk herstellen en onze aandacht weer op hem richten. We kunnen zelfs zeggen: "Soms is het zo moeilijk voor me om te zien dat je pijn lijdt."

Na de meeste bezoeken was ik mij bewust van gevoelens van afzondering en eenzaamheid die veel patiënten hebben. Sommige familieleden kunnen er emotioneel gewoon niet voor hen zijn of, zoals we net besproken hebben, worden patiënten soms onzichtbaar; er wordt niet naar hen geluisterd en ze worden niet gezien door de medische staf die voor hen zorgt.

Op een keer bezocht ik Brian, een tiener die compleet verlamd was geraakt door een motorongeluk. Hij was klaar om naar de operatiekamer gebracht te worden, zijn ouders waren ook in de kamer. Een verpleegster kwam de kamer binnen en sprak alleen tegen zijn moeder, terwijl ze zich letterlijk over zijn liggend lichaam heen boog. Nadat ze de kamer verlaten had, zei Brian tegen zijn moeder: "De volgende keer dat er een verpleegster binnenkomt, wil ik dat ze rechtstreeks met mij spreekt. Wil je me daarbij helpen?" Dit was een prachtig voorbeeld van een heldere, eerlijke communicatie en vragen om hulp.

Ik bracht maar een uur met Brian door, maar we hadden een diep contact. Ik kon me in hem inleven omdat ik ook geleden heb door een auto-ongeluk toen ik jong was. Ik was een tijdje verlamd en moest een zeer ernstige operatie ondergaan.

Toen ik het verzoek kreeg deze jongen te bezoeken, zat mijn dienst er net op en was ik op weg naar de uitgang. De telefoon ging en om een of andere reden keerde ik om en nam de telefoon op. De verpleegster zei dat ze niet precies wist waarom ze mij belde, maar ze vond dat deze jongen met iemand moest praten. Toen ik bij haar kwam en ze mij van de situatie op de hoogte gebracht had, vertelde ik haar dat ik vijftien jaar geleden ook een ongeluk had gehad, waarna ik verlamd was geraakt en een operatie ondergaan had. Ze begon te huilen vanwege het 'toeval' maar ik wist dat een onzichtbare hand mij naar deze jongen geleid had omdat ik me in zijn situatie kon inleven.

Gewoonlijk is het beter niet over je eigen ervaringen te praten wanneer je iemand bezoekt die onze zorg en aandacht nodig heeft. Maar wanneer we een overeenkomstige ervaring hebben gehad, kan het heilzaam zijn om dit eenvoudig en kort aan het begin van het gesprek te noemen. Je zult verbaasd zijn over de verandering in de ander doordat je je op deze wijze met hem verbindt. Brian keek opeens naar me als iemand die de enige was die hem werkelijk begreep gedurende zijn beproeving.

Wanneer je je in een dergelijke situatie bevindt, is het belangrijk dat je niet de angsten van de patiënt van tafel veegt of bagatelliseert met inhoudsloze woorden als: "Het komt met jou ook wel goed, net als met mij." Denk eraan hoe het voor jou was, bang, eenzaam, etc., toen jij door jouw moeilijke situatie heen ging. Luister en ga door met hem te steunen, op elk moment.

Met dit soort aanwezigheid zal de patiënt zich begrepen en gesteund voelen, wanneer hij er aan herinnerd wordt dat hij niet de enige is die dit heeft meegemaakt.

Over het algemeen heb je meer invoelings-vermogen en compassie voor anderen wanneer je zelf fysiek of emotioneel geleden hebt. We nemen onze eigen ervaringen mee als we aan het bed zitten en het zijn de moeilijke tijden, de tijden waarin we geleden hebben, die ons voorbereiden om te zitten bij mensen die bang zijn of pijn hebben.

Amma zegt: "Alleen iemand die zelf honger heeft geleden, voelt de knagende honger van iemand anders. Alleen iemand die een zware last heeft gedragen, begrijpt de enorme druk van het dragen van een zware last. Wanneer we allemaal werkelijk zouden willen, konden we een grote verandering in de wereld tot stand brengen. De baten van alle goede daden die we met een onzelfzuchtige houding verrichten, komen zeker naar ons terug."

Luisteren

"Echt luisteren vindt alleen plaats wanneer er liefde is."

— *Amma*

Wanneer we er genoeg van hebben over het weer en het nieuws te praten en naar een dieper niveau van intimiteit willen gaan maar niet precies weten hoe, kunnen een of twee gerichte vragen ons daarbij helpen. Als een vrouw bijvoorbeeld al lang in het ziekenhuis ligt, kunnen we vragen wat ze het meeste mist van haar 'normale' leven. Haar antwoord laat ons precies zien waar ze op dat moment is. Haar antwoord zou je kunnen verbazen. We dachten misschien dat ze haar echtgenoot of kinderen zou noemen, maar ze zou heel goed kunnen zeggen dat ze het tuinieren mist. Een andere vraag zou kunnen zijn: "Wat heb je over jezelf geleerd in de laatste vier maanden na de diagnose?" Deze vraag kan de patiënt van oppervlakkigheid naar een meer introspectief gesprek leiden zonder al te persoonlijk te worden.

Een alledaags onderwerp dat door een stervende aangesneden wordt, kan plotseling een diepere betekenis krijgen. Iemand die voorheen bijvoorbeeld atleet was en nu door zijn ziekte beperkt wordt, kan over een aan sport gerelateerd onderwerp beginnen. Dat kan een uitnodiging zijn om over een verlies in zijn leven te praten en om niet zomaar een oppervlakkig gesprek te voeren. Wanneer we niet attent genoeg zijn, zouden we deze gelegenheid om op een dieper niveau contact te maken kunnen missen.

Het verlangen om anderen te helpen komt vanuit een zeer zuivere plaats in ieder van ons. Maar uiteindelijk kunnen we niemand helpen de dood onder ogen te zien als wij zelf de angst

voor de dood niet overwonnen hebben. En wie
onder ons heeft die angst geheel overwonnen?
Daarom is het beste wat de meesten onder ons
kunnen doen, eenvoudig naast iemand gaan
zitten en proberen echt te luisteren, zonder oordeel en zonder zijn proces te willen veranderen.
Dit is in de praktijk heel moeilijk.

Amma legt ons uit: "Er zijn vier manieren
voor het uitwisselen van ideeën: lezen, schrijven, praten en luisteren. Vanaf onze kinderja-
ren zijn we opgeleid in de eerste drie vakken,
maar we hebben niet veel geoefend om te
luisteren. Daarom zijn velen onder ons slechte
luisteraars. Eigenlijk heeft God ons twee oren
en één mond gegeven. We moeten dus bereid
zijn tweemaal zoveel te luisteren als te praten.
Nu doen we het tegenovergestelde. We blijven
praten en zijn niet bereid te luisteren."

Hoe we naar de woorden van een stervende
luisteren, is heel belangrijk. We kunnen proberen de emoties achter de uitgesproken woorden

op te sporen. Dan kunnen we de emoties spiegelen die we denken gehoord te hebben. Als deze techniek in de praktijk gebracht wordt, is hij zeer eenvoudig. Hij kan ook in ons dagelijks leven toegepast worden wanneer iemand naar ons toekomt om over iets belangrijk te praten. We kunnen ophouden met waar we mee bezig zijn, de ander onze volle aandacht geven en met ons hele wezen luisteren en dan de emoties teruggeven die we gehoord hebben. Wanneer we het verkeerd begrepen hebben, zal de ander ons dat zeker laten weten. We moeten erop bedacht zijn dat we de gevoelens van de ander op dat moment niet willen sussen of veranderen. Ons doel is luisteren en bemoedigen, niet oordelen. Dit is een heel cruciaal punt.

Emotionele woordenschat

Mensen willen gehoord worden of ze nu gezond zijn of op sterven liggen. De beste manier om te luisteren is te proberen de emoties achter hun woorden te herkennen. Veel mensen hebben een zeer beperkte emotionele woordenschat. Nu volgt een gesprek met een vrouw die niet zo goed in staat is om haar emotionele leven te beschrijven.

Gesprek 4 - Beperkte emotionele woordenschat

Bezoeker: Hoe gaat het?
Patiënt: Nou, het is moeilijk.
Bezoeker: Wat is moeilijk? *(De bezoeker glimlacht naar haar en raakt haar arm aan)*
Patiënt: Om bij mijn gezin vandaan te zijn.
Bezoeker: Voel je je alleen?

Patiënt: Ja.

Bezoeker: Hoe voelt het als je van je gezin gescheiden bent?

Patiënt: Dat vind ik niet fijn.

Bezoeker: Kun je me daar iets meer over vertellen?

Patiënt: We zijn een heel… hecht gezin. We zijn… eerlijk en… deugdzaam.

Bezoeker: Het klinkt alsof je heel trots op je gezin bent.

Patiënt: Dat ben ik ook.

Bezoeker: Hoe voelt het om bij ze vandaan te zijn?

Patiënt: Verdrietig.

Bezoeker: Kun je me iets over hen vertellen?

Patiënt: Ja. We houden heel veel van elkaar. Mijn kinderen zijn allemaal… fijne mensen. Ik voel me van hen gescheiden.

Bezoeker: Denk je dat dat komt doordat je in het ziekenhuis ligt?

Patiënt: Nee, ik voel het de hele tijd. Het zal…verdrietig zijn als we niet meer samenzijn.

Bezoeker: Bedoel je als er iemand doodgaat?

Patiënt: Ja, het is moeilijk wanneer iemand doodgaat.

Bezoeker: Ja, dat is zo. *(Pauze)* Spreek je nu over je eigen dood?

Patiënt: Ja.

Bezoeker: Wat maakt jouw dood moeilijk?

Patiënt: Ik zal ze verlaten… Ik denk niet dat ik ze achter kan laten.

Bezoeker: Je zult ze heel erg missen als je niet bij ze bent.

Patiënt: We zijn zo hecht… we houden van elkaar.

Bezoeker: Hoe voel je je als je aan je eigen dood denkt? *(De bezoeker aait zachtjes over haar voorhoofd)*

85

Patiënt: Verdrietig.

Wanneer een patiënt het moeilijk vindt om over zijn gevoelens te praten, kun je het beste ja/nee vragen vermijden, want die laten niet veel uitweiding en omschrijving toe, vooral niet wanneer de patiënt een beperkte emotionele woordenschat heeft. Na verloop van tijd voel je je misschien als een interviewer van een krant die de ene vraag na de andere afvuurt.

Als we naar onze vriend of geliefde luisteren, kunnen we erop letten of hij aangeeft dat hij iets nodig heeft. Dat kan een praktische, directe behoefte zijn zoals een slokje water, of een emotionele behoefte zoals een veilige omgeving om te kunnen huilen. Tijdens het hele proces kunnen we ons blijven afvragen: "Kan ik bepaalde behoeften van deze persoon vervullen?"

We kunnen ook eenvoudig terugspiegelen wat we horen. Zonder oordeel luisteren en de ander onze volle aandacht geven is alles wat er

van ons verwacht wordt. We kunnen niet alle
pijn wegnemen, noch kunnen we al zijn problemen oplossen. Maar als we weerspiegelen wat
de persoon voelt, zorgen we ervoor dat hij zich
begrepen voelt. Deze behoefte om begrepen te
worden zit heel diep in ons. Wanneer er aan
deze behoefte tegemoet gekomen wordt, geeft
dat een gevoel van geruststelling.

Concentreer je op de patiënt

"Amma heeft het sterke verlangen dat al haar kinderen zo zuiver worden dat zij licht en liefde uitstralen naar iedereen die zij ontmoeten. Deze wereld heeft geen behoefte aan predikers maar aan levende voorbeelden."

– Amma

Wanneer we bij een stervende zijn, mogen we nooit de zedenmeester spelen of een preek houden of zelfs maar over onze eigen geloofs-overtuiging spreken. Onze spirituele oefeningen en overtuigingen zijn voor ons, om ons te ondersteunen en te bemoedigen voor en na het bezoek aan de stervende. Dit bepaalt hoe we betekenis geven aan het lijden of het lijden kunnen verdragen.

We vermijden bijvoorbeeld tegen iemand die lijdt dingen te zeggen als: "Je bent niet het lichaam," of "Het is allemaal Gods genade," of "Het is je *karma*." Wanneer we zoiets zouden zeggen, kunnen we bijna de gedachten van de ander horen: "Jij hebt makkelijk praten. Jij bent niet degene die dit hoeft te ondergaan."

Hoewel we deze ideeën misschien met de beste bedoelingen delen, versterken ze bij de patiënt alleen maar de gevoelens van gescheidenheid. Veronderstel helemaal niets, zelfs niet wanneer je beider dezelfde spirituele of religieuze achtergrond hebt. We hebben allemaal een unieke relatie met het leven; daarom hebben we allemaal een verschillende filosofie ten opzichte van precaire zaken als ziekte en dood.

Wanneer iemand die we bezoeken, oprecht naar onze geloofsovertuiging vraagt, kunnen we openlijk onze levenswijze delen. Het is dan goed de patiënt te vragen zijn overtuigingen en levenswijze te delen. We weten nooit of de patiënt geïnteresseerd is in het horen van andere perspectieven. Het zoeken naar andere perspectieven en het bespreken van hun eigen kijk kunnen hen helpen helderheid te krijgen welke overtuigingen hen in hun huidige situatie het beste helpen.

Tijdens ons bezoek willen we het hier en nu bespreken en de patiënt vragen hoe het met hem gaat, hoe hij zich voelt, etc. Probeer de aandacht bij de huidige situatie te houden. We kunnen bijvoorbeeld vragen: "Wat is voor jou het moeilijkste van dit allemaal?" We hebben geen behoefte iemand op te zoeken en een gesprek te openen met: "Zo, hoe was het nou om op te groeien in Detroit in de zestiger jaren?" De eerste vraag richt zich op de gevoelens van de patiënt in het huidige moment, de laatste legt de nadruk op het verleden.

Maar wanneer iemand met kanker bijvoorbeeld een gesprek begint met: "Ik denk nu al een week aan mijn tante Tilly uit Tennessee."

is dat een ander verhaal. Dan kunnen we vragen: "Waar denk je dan precies aan als je aan haar denkt?" Misschien kom je dan te weten dat haar tante aan kanker gestorven is. Het is heel wat anders wanneer een patiënt een nieuw onderwerp aansnijdt dat nergens mee te maken lijkt te hebben. We moeten naar elk onderwerp dat de patiënt ter sprake brengt luisteren. Ons vermogen om te luisteren verandert over het algemeen wanneer we bij een stervende zitten. Ons luisteren wordt meer aandachtig en oprecht.

Als we naar Amma kijken en zien hoe zij mensen helpt, kunnen we zien dat Haar aandacht nooit op Zichzelf is gericht. Die is altijd gericht op degene die naar haar toe gekomen is.

Amma zegt dat Zij in sommige opzichten als een spiegel functioneert die de emoties en mentale staat van de verschillende mensen die voor Haar darshan komen, reflecteert.

Wanneer mensen die verdrietig zijn, naar Amma komen, weerspiegelt Zij dat verdriet naar hen. Wanneer ze blij zijn, weerspiegelt Zij hun vreugde. Door hun emoties te begrijpen en te weerspiegelen, wordt Amma door mensen als een geweldige steun ervaren. Eindelijk voelen ze dat er iemand is die hen kent en begrijpt. Mensen putten een geweldige troost en kracht uit dit gevoel van begrepen te worden.

In de kamer

*"Kinderen, leer om onder alle
omstandigheden ontspannen te zijn. Wat
je ook doet en waar je ook bent, ontspan je
en je zult zien hoe krachtig dit is. De kunst
van het ontspannen brengt de kracht die
in je huist naar buiten; door ontspanning
kun je je oneindige capaciteiten ervaren.
Het is de kunst van het verstillen van je
geest en het richten van al je energie op het
werk dat je aan het doen bent, wat dat ook
moge zijn. Op die manier ben je in staat
je hele potentieel naar buiten te brengen.
Als je deze kunst eenmaal beheerst, gebeurt
alles spontaan en moeiteloos."*

– Amma

Je kunt je afvragen waarom het belangrijk is dat we ons bewust zijn van de verschillen tussen mannen en vrouwen, de veranderingen die er plaatsvinden in iemand bij wie een ernstige ziekte is vastgesteld, de neiging van de patiënt om kwaad te worden etc. Hoe beter we een situatie begrijpen, des te kalmer we zullen zijn. De aanwezigheid van een ontspannen en kalm iemand helpt anderen om ontspannen en kalm te zijn. Dus hoe rustiger wij zijn, des te rustiger zal degene die we bezoeken zijn. En dit heeft zeker een positief effect. Een van de redenen waarom we zo'n vrede in de aanwezigheid van heiligen als Amma voelen, is de vrede die zij in zichzelf ervaren. Hun innerlijke vrede is zo krachtig dat het eenzelfde effect in ons creëert. Het lijkt op het verschijnsel resonantie.

Hoe comfortabel voel je je in stilte? Deze vraag is belangrijk want er zullen veel stille momenten zijn wanneer je bij een stervende zit. De patiënten kunnen fysiek te zwak zijn om te praten of in een meer introverte stemming zijn dan gewoonlijk

Velen van ons praten vooral om alleen de stilte op te vullen. Als we de stille atmosfeer rondom een stervende ervaren, kunnen we beter de waarde van Amma's leringen over stilte inzien en begrijpen: "Kinderen spreek minder en alleen wanneer het absoluut noodzakelijk is. Wanneer je iets zegt, spreek dan erg zorgvuldig want een spirituele zoeker of een toegewijde mag geen zinloze dingen zeggen, zelfs niet één woord."

De tijd nemen om alleen te zijn helpt ons ook om ons in stilte beter op ons gemak te voelen. Dat betekent niet dat we in het bos moeten gaan wonen. We kunnen oefenen om stil te zijn in een bibliotheek waar mensen aanwezig zijn maar geen communicatie plaatsvindt, of tijdens een lange wandeling in ons eentje, zonder mobiele telefoon. Dit zal ons ook op onze eigen toekomst voorbereiden want als we ouder worden of met ziekte te doen krijgen, zal ons contact met de buitenwereld verminderen. Wanneer we er niet aan gewend zijn alleen te zijn met ons eigen lichaam en onze eigen gedachten, kunnen we ons in een later stadium heel alleen, angstig en depressief gaan voelen.

We willen allemaal oplossingen aandragen voor mensen als we hun problemen horen, zelfs voordat ze erom vragen. Geduldig luisteren, zonder te onderbreken, is een belangrijke vorm van zelfdiscipline, een oefening in zelfbeheersing. We zijn geneigd voortdurend commentaar te leveren of, erger nog, te wedijveren en snel onze eigen ervaring te vertellen, die groter of beter is.

Hoe gemakkelijk voel je je wanneer iemand huilt? Een vriendin van mij zat eens bij een vriendin die op sterven lag. De stervende vrouw begon plotseling te huilen. In plaats van haar gewoon rustig te laten huilen probeerde ze haar te troosten en vroeg: "Waarom huil je?" De vrouw hield onmiddellijk op en gaf geen antwoord. Wanneer iemand midden in een gesprek begint te huilen, kunnen we iets zeggen als: "Ik zie dat dit je veel doet. Wil je erover praten?" Misschien wil hij dat niet. Degene kan nee zeggen en doorgaan met huilen. Dat is prima. Het is jouw taak om stil naast hem te zitten, gewoon voor die persoon aanwezig te zijn.

Probeer niet wijs te zijn en zet jezelf niet onder druk door alleen maar de juiste dingen te willen zeggen. Dit is ondoenlijk. Wees aanwezig met een open hart. Als dit je intentie is, zal de patiënt dat voelen. Zoek niet naar het bewijs dat je aanwezigheid een diepgaand of positief effect heeft. Als je echt niet kunt bepalen waar je stervende vriend of familielid behoefte aan heeft, probeer je dan in zijn situatie te verplaatsen en vraag je af: "Als mij dit zou overkomen, wat zou ik dan op dit moment

willen of nodig hebben van een vriend of bezoeker?"

Hoop is een eigenschap die steeds verandert. In het begin hopen de meeste patiënten
dat de diagnose verkeerd blijkt te zijn. Dan
verschuift de hoop naar hoop op een succes-
volle behandeling. Daarna kan de hoop weer
veranderen in zoiets als: "Ik hoop dat mijn
echtgenoot de kinderen zonder mij kan opvoe-
den." Uiteindelijk kan het worden: "Ik hoop
alleen maar dat ik snel zal gaan." In plaats van
aan te nemen dat de patiënt de hoop opgegeven
heeft, kunnen we eenvoudig vragen: "Waar
hoop je vandaag op?" Deze manier van vragen
stellen brengt ons in het huidige moment. Dan
kunnen we over de hoop van vandaag praten
en een brug slaan tussen de hoop op lange
termijn en de hoop van het moment.

We kunnen ook in een ander verband naar
hoop kijken. Mensen die aan een ziekte lijden,
worstelen soms om hun stemming goed te

houden, vooral bij een langdurige ziekte. Een depressie kan heel langzaam en verraderlijk binnensluipen en hun dagelijks leven beïnvloeden. Mogelijk realiseren we ons niet dat onze bezoeken kunnen helpen hen te laten voelen dat ze een onderdeel van het leven zijn en dat we hen op een subtiel niveau hoop schenken, als is het maar voor vandaag.

Schuld

"*Reageer niet op het verleden. Er ligt dwang en agressie in reageren besloten. Reageren creëert nog meer onrust in de geest en juist die ene gedachte die je probeert te vergeten, zal met nog meer kracht naar boven komen. Reageren is vechten. Vechten tegen de wonden uit het verleden zal ze alleen maar dieper maken. Niet reageren maar ontspanning is de methode om de wonden van de geest te genezen.*

Dat je je realiseert dat je handelingen onjuist waren, heeft je ervan bevrijd. Het is je al vergeven. De pijn die je geleden hebt, is meer dan genoeg om je zonden weg te wassen. Elke zonde zal weggewassen worden door de tranen van berouw. Van

nu af aan moet je deze last niet meer met
je mee dragen. Vergeet het en heb vrede."

— *Amma*

Als mensen ernstig ziek zijn, hebben zij veel tijd
om aan het verleden te denken. Soms komen
schuld- of spijtgevoelens omhoog bij mensen
die stervende zijn. Zij kunnen er behoefte aan
hebben hun berouw te uiten en zelfs fouten
op te biechten of een geheim te onthullen dat
ze lange tijd voor zich hebben gehouden. Gewoonlijk wil de patiënt eenvoudig dat iemand
hem hoort en naar zijn verhaal luistert. Wanneer iemand zich bijvoorbeeld schuldig voelt
over iets wat hij twintig jaar geleden heeft
gedaan en daar nu spijt over heeft, kunnen
we vragen: "Heb je op dat moment, onder de
gegeven omstandigheden, je best gedaan om
ermee om te gaan?" Gewoonlijk realiseren
mensen zich dan dat zij inderdaad hun best
gedaan hebben. Dit besef helpt hen zichzelf
te vergeven. Op dit moment proberen we met

een open hart te luisteren naar wat heel pijnlijk voor de patiënt kan zijn.

Gewoonlijk komt ook het thema geloof op wanneer iemand een terminale ziekte heeft. Veel mensen vragen zich bijna onmiddellijk af wat zij verkeerd gedaan hebben dat ze deze ziekte verdienen en of God boos op hen is. Wanneer iemand iets aan ons vraagt als: "Waarom straft God mij?" kunnen we een gesprek aangaan door te vragen: "Kun je me iets meer vertellen over je relatie met God?"

Zoals in het volgende gesprek beschreven wordt, kunnen schuldgevoelens zich op talloze manieren uiten. De stervende kan denken dat zijn relatie met God getest wordt en dat hij daar niet vrij over kan spreken met degene die hem verzorgt of dat hij zijn geliefden belast.

Gesprek 5 - Schuld en vertrouwen
Bezoeker: Hallo.
Patiënt: *(tegen haar man)* wil je even de kamer uitgaan zodat we kunnen praten?

Bezoeker: Hoe gaat het ermee, Rosa?

Patiënt: Nou, ik heb drie operaties ondergaan, dat is heel zwaar geweest. Op sommige momenten wilde ik het opgeven. Ik heb oprecht gebeden. Soms verloor ik mijn vertrouwen. Nu schijnt het beter met me te gaan en voel ik me rot omdat ik niet geloofde dat God bij mij was of naar me luisterde.

Bezoekster: Voelde je je op die moeilijke momenten moedeloos en was je zelfs boos op God?

Patiënt: Ja. *(pauze)* Ik zou dit nooit tegen mijn moeder kunnen zeggen. Ze heeft zo'n sterk geloof. Ze zegt altijd: "God zorgt voor alles."

Bezoekster: En soms voelt dat voor jou niet zo?

Patiënt: Precies. *(pauze)* Zij heeft perfect vertrouwen.

Bezoekster: Hoe ziet perfect vertrouwen eruit?

Patiënt: Hmmm… Ik denk dat het iemand is die zich nooit zorgen maakt en volledig accepteert wat er ook maar gebeurt. *(lacht)* Je hebt gelijk; ik denk dat er niemand is die echt perfect vertrouwen heeft. *(Een lange pauze. De twee zitten in stilte. Er komt een verdrietige uitdrukking over het gezicht van de patiënt.)*

Bezoekster: Voel je je nu verdrietig?

Patiënt: *(barst in tranen uit)* Ja.

Bezoekster: *(na een tijdje)* Waar ben je verdrietig over?

Patiënt: Mijn gezin, de kinderen, Bob… Ik voel me zo rot dat zij dit mee moeten maken. Ze maken zich zo bezorgd en bellen voortdurend. Hij is zo'n goede echtgenoot. Niemand kan zich een betere echtgenoot wensen dan hem. Hij

klaagt nooit. Geen van allen doen ze dat.
Ze zijn allemaal zo fantastisch.

Bezoekster: Denk je dat je hen belast?

Patiënt: Ja. Normaal ben ik degene die
altijd voor iedereen zorgt.

Bezoekster: Het klinkt alsof er een verandering in rollen heeft plaats gevonden
en je je daarbij niet op je gemak voelt.

Patiënt: Ja, dat is zo.

Bezoekster: Vind je het moeilijk om
hulp te vragen?

Patiënt: Ja, dat heb ik nooit eerder
hoeven doen. Je weet wel dat ik mee
heb moeten helpen bij de zorg voor mijn
moeder. Ik weet dat het soms zwaar kan
zijn.

Bezoeker: En dit wil je je gezin bespa-
ren?

Patiënt: Ja, maar ik heb nu hulp nodig.

Bezoeker: Nu bevind jij je aan de
ontvangende kant in plaats van aan de

gevende kant. En dat is moeilijk voor
je, nietwaar?
Patiënt: Ja.

Meteen vanaf het begin legt de patiënt haar
situatie uit. Ze heeft drie operaties gehad. Dat
is veel om mee te maken. Wanneer we iemand
zo'n serieuze ervaring horen beschrijven, moeten we dat echt tot ons door laten dringen en
ons afvragen: "Hoe zou ik mij voelen nadat
ik drie operaties ondergaan had?" Het is ook
interessant op te merken dat de bezoekster
tijdens het bezoek niet haar eigen overtuigingen te berde bracht. In plaats daarvan stelde
zij op zo'n manier vragen dat de patiënt haar
eigen realiteit onder woorden kon brengen: het
beschermen van haar echtgenoot, vertrouwen,
hoop, verdriet, veranderingen in de manier van
leven en het gevoel tot last te zijn.

Het afronden van zaken

Weten dat je dood nadert, is een geschenk ondanks de pijn die ermee gepaard kan gaan. Wanneer mensen plotseling sterven, hebben ze geen gelegenheid om afscheid te nemen.

Over het algemeen zijn er minstens vijf dingen die elke stervende wil horen:

"Dank je wel."

"Vergeef me alsjeblieft."

"Ik vergeef jou."

"Ik houd van je."

en "Vaarwel."

Iedereen kan deze gevoelens op zijn eigen manier verwoorden. Voor sommigen kunnen ze in een enkel gesprek aan bod komen omdat dat misschien de enige kans is om ze kenbaar te maken.

Wanneer we een dergelijk gesprek voeren, is het goed eraan te denken dat we de dingen van de positieve kant willen benaderen. Stervenden kunnen situaties uit het verleden noemen waarin zij misschien fouten hebben gemaakt of ons iets hebben aangedaan wat ze betreuren. Dit is de manier waarop zij hun excuus aanbieden. Houd dit niet tegen door te zeggen: "O, het is o.k., ik ben het al lang vergeten." Laat hen zeggen wat ze te zeggen hebben. Luister gewoon. Als het passend is, kunnen we, nadat ze uitgesproken zijn, zeggen: "Ik vergeef je dat."

We moeten geen negatieve herinneringen oprakelen. We willen het leven van de stervenden vieren en praten over hun goede eigenschappen en positieve prestaties. We willen dat ze zich tevreden voelen over hun leven en hen helpen vrij van schuldgevoel of andere negatieve gevoelens te sterven. Mensen aan hun goede eigenschappen herinneren op het moment van ziekte of sterven is als water en voedsel geven aan een plant. We willen hen helpen hun hart open te laten gaan; anders zouden de negatieve aspecten van de geest hen kunnen verstikken en gevoelens van depressie, verdriet en spijt oproepen.

Moeder Theresa vertelt een verhaal dat het belang van vergeving tijdens het stervensproces laat zien: "We zijn geschapen om te beminnen en bemind te worden. Een jongeman lag op sterven maar vocht een dag of drie, vier om zijn leven te verlengen. De zuster vroeg hem: "Waarom blijf je vechten?" "Ik kan niet sterven zonder vergeving aan mijn vader gevraagd te hebben," antwoordde hij. Toen zijn vader kwam, omhelsde de jongeman hem en vroeg om vergeving. Twee uur later stierf hij vredig."

Nadat een oudtante van een vriendin van mij was gestorven, vertelde ze haar ervaring:

"Ik had een erg hechte relatie met mijn tante, maar had haar in geen jaren gezien doordat zij op een boerderij in Afrika woonde en ik in de Verenigde Staten. Mijn tante leed aan longemfyseem na tientallen jaren fervent gerookt te hebben. Ik schreef haar een brief waarin ik haar vertelde dat elke keer wanneer ik een duif hoorde roekoeën, dit mij aan haar deed denken en aan enkele van de gelukkigste herinneringen uit mijn kindertijd omdat er zoveel koerende duiven op de boerderij van mijn tante waren.

Vele maanden later zat ik in mijn flat toen ik een geluid bij het raam hoorde. Het was het geluid van een koerende duif die erg snel met zijn vleugels fladderde. Ik liep naar het raam en schoof voorzichtig de luiken opzij. Een paar centimeter van het raam vandaan fladderde een duif. Hij bewoog zijn vleugels snel heen en weer om in positie te blijven. Ik was verbaasd want ik kon me niet herinneren dat ik ooit eerder een duif in de omgeving van het flatgebouw gezien had. Een poosje later ging de telefoon om mee te delen dat mijn tante zojuist gestorven was.

Ik was diep bedroefd maar drie dagen later had ik een droom die me vrede bracht. We waren ergens buiten op het platteland op een klein zandweggetje tussen prachtige groene velden en loofrijke bomen. Ik stond op de weg en mijn tante zat op de achterbank van een auto die met weg begon te rijden. Ik zei tegen mijn tante dat ik van haar hield. Toen de auto wegreed, keek mijn tante naar mij via het achterraam en vormde met haar lippen de woorden: 'Ik houd van je'".

Hoewel je misschien niet bij iemand kan zijn op het moment van overlijden, kan een droom als deze erop duiden dat de persoon naar je toe komt om je vaarwel te zeggen op de enige manier die hij ter beschikking heeft.

Dingen die wij van plan zijn te doen

Hoe meer we gehecht zijn aan onze geliefde, des te meer willen we doen. We rijden bijvoorbeeld naar het ziekenhuis nadat we onze zus die daar is opgenomen, al eens eerder hebben bezocht. Onderweg denken we: "Tjonge, wat was het stoffig in die kamer! Ik ga de luxaflex omhoog trekken en de ramen openzetten, misschien wat wierook branden. Ik heb mooie klassieke muziek die ik ga afspelen. Ik ga haar voorlezen uit de geschriften en misschien kan ik haar een voetmassage geven. Ik zal mooie chrysanten voor haar meenemen".

Dat zijn allemaal prachtige ideeën, maar misschien beseffen we niet dat onze zus als gevolg van de behandelingen erg gevoelig voor licht en geur is. Ze houdt meer van de Beatles en Led Zeppelin dan van klassieke muziek. Ze is allergisch voor chrysanten en zou graag het blad *People Magazine* lezen omdat ze zich totaal geïsoleerd voelt en niet meer in contact met wat er in de wereld gebeurt. Daarom moeten we voortdurend vragen, vragen en nog eens vragen wat ze zou willen.

Over het algemeen geldt dat we er minder aan denken te vragen naarmate we dichter bij de patiënt staan. Op de een of andere manier voelen we ons vrijer om onze voorkeuren aan onze geliefde op te leggen. We moeten eraan denken dat de stervende heel weinig controle over haar leven heeft; we willen haar graag zoveel keuzen en vrijheid bieden als mogelijk is. Wanneer ze zich aan ons ergert, kan ze niet weglopen.

Het simpele feit dat de patiënt gedwongen wordt in bed te liggen, schept een situatie waarin hij overgeleverd is aan de genade van anderen. Wanneer we een kamer binnenlopen en zonder te vragen dingen doen waarvan we aannemen dat de patiënt dat wil, maken we hem machteloos. We maken dan zijn gevoelens van hulpeloosheid en gebrek aan controle nog sterker.

Toen ik voor mijn vader zorgde, ervoer ik vele malen dat er dingen waren die ik zo nodig moest doen. Bij hem was inoperabele longkanker in het vierde stadium vastgesteld toen hij negenenveertig was. Omdat de tumor op een zenuw drukte, gebruikte hij uitermate sterke pijnstillende medicijnen. Het leek mij dat hij bijna dagelijks de dosering moest verhogen. Daar had ik problemen mee, omdat hij een verslavingsgeschiedenis had. Ik was bang dat hij aan deze pijnstillers verslaafd zou raken.

Nu ik erop terugkijk, was ik ook bang dat ik de persoon die ik als mijn vader kende, zou verliezen, ook al was ik me daar op dat moment niet van bewust. Zijn scherpe intellect, zijn gevatheid en zijn zonnige aard raakten vertroebeld en geleidelijk verloor ik de persoon aan wie ik zo gehecht was. Ik was er niet klaar voor hem los te laten.

Op een dag, toen ik hem al twee maanden verzorgde, vroeg hij om zijn medicijnen en ik dacht: "In plaats van drie tabletten morfine geef ik hem er twee en een vitamine C." Toen ik hem de tabletten gaf, had hij onmiddellijk door wat ik had gedaan. Hij keek me aan en zei: "Waar ben je mee bezig? Denk je dat ik het leuk vind dat ik zoveel medicijnen moet slikken?" We begonnen beiden te huilen.

Deze geschiedenis illustreert hoe we verblind kunnen raken door onze gehechtheid. Iedere keer wanneer we denken: "Ik weet wat het beste is" of wanneer we denken dat we iets doen wat het beste voor de patiënt is, moeten we zorgvuldig onze motieven onderzoeken. Deze daad van mij was zeer egoïstisch. Ik was niet in staat de veranderingen die zich zo snel voltrokken te accepteren. Ik was er niet klaar voor mijn vader te verliezen.

Het beste is om meteen nadat de diagnose gesteld is een gesprek met de patiënt te voeren dat over vragen gaat als: "Hoe kunnen we je helpen je zo comfortabel mogelijk te voelen?" of "Hoeveel tijd wil je alleen zijn?" Geef extra aandacht aan hun voorkeuren en hun gewoonten: zijn ze omgeven door boeken of praten ze voortdurend door de telefoon? Vraag de patiënt ook tijdens het hele proces helder en direct wat zijn wensen zijn.

Veel mensen van alle geloofsovertuigingen geloven dat het erg belangrijk is aan God of de goeroe te denken op het moment dat je overlijdt. Wanneer je geliefde een geloof heeft of een toegewijde is, vraag hem dan precies wat hij wil, vooral op het moment van overlijden. Hoe kunnen zij het beste aan God herinnerd worden? Wat is hun dagelijkse spirituele oefening of meditatie?

Geboden en verboden

We moeten er altijd goed voor oppassen geen dingen te zeggen als: "Maak je niet ongerust, het komt allemaal wel goed," of "Na regen komt zonneschijn."

Ik bevond mij eens midden in de nacht op de intensive care. Er was een ongeluk met drie auto's gebeurd waarbij veel kinderen betrokken waren. Vier jongens uit een gezin hadden net hun moeder zien sterven. Ze was door de voorruit gevlogen. Ik troostte de elfjarige door hem in mijn armen te houden terwijl hij huilde. Op een gegeven moment zei ik tegen hem: "Het komt wel goed." Hij trok zich van mij terug, keek mij in de ogen en zei: "Nee dat komt het niet." Na een korte stilte antwoordde ik: "Je hebt gelijk, het voelt misschien nooit meer goed."

Er was een elfjarige jongen nodig om mij te leren niet zoiets banaal, ondoordacht en onwaar te zeggen. Als iemand tegen je zegt: "Ik ben bang" en je weet werkelijk niet wat je moet zeggen en als jij ook bang bent, wees dan eerlijk en zeg: "Ik ben ook bang." Zo'n eerlijk antwoord schept een band.

Het is gewoonlijk het beste geen advies te geven. Maar als een geliefde een belangrijke beslissing over zijn ziekte en de behandeling moet nemen en hij helder is en zijn eigen beslissingen kan nemen, is het belangrijk verschillende mogelijkheden met hem te bespreken.

De patiënt zou bijvoorbeeld tegen ons kunnen zeggen: "Ik ben uitgeput. Ik doe dit nu twee jaar, maar de kanker is teruggekomen. Ik weet echt niet of ik nog meer aankan. Mijn arts wil dat ik nog een chemokuur doe." We kunnen dan antwoorden: "Het klinkt alsof je een moeilijke beslissing moet nemen. Hoe heb je dat eerder in je leven gedaan wanneer je een moeilijke beslissing moest nemen?" Als de patiënt zegt: "Ik bad ervoor en zat lange tijd in stilte," of "Ik sprak er met mijn beste vriend over," kunnen we hem aanmoedigen dat nu ook te doen. Op die manier komen we samen tot een oplossing en vertellen we iemand niet wat hij moet doen.

Een relatie opbouwen

"Kinderen, de compassie die jullie voelen voor degenen die lijden, dat alleen al zal hun vrede geven en ook jullie hart verder openen. We moeten meeleven met degenen die lijden."

— Amma

Het kan voorkomen dat je bij een stervende geroepen wordt met wie je weinig gemeen hebt. Je broer of zus of zelfs je vader of moeder van wie je verwijderd geraakt bent, kan plotseling de diagnose krijgen van een terminale ziekte.

Ik bezocht een vrouw, Diana, die zeer dringend een levertransplantatie nodig had. Ze was herstellende van een heroïneverslaving. Zodra ik met haar begon te praten, barstte ze in tranen uit. Ze was ten einde raad omdat ze haar twee katten weg moest doen. Die droegen te veel bacillen bij zich en met haar verzwakte immuunsysteem mocht ze in haar huis niet aan bacillen blootgesteld worden. Om eerlijk te zijn worstelde ik om mijn geduld te bewaren want ze sprak bijna een uur lang alleen over die katten. Maar toen ik naar haar luisterde, kwam ik erachter dat haar grootouders, die ze aanbad en die haar opgevoed hadden, katten hadden. Voor haar symboliseerden katten liefde. Zij had niemand anders in haar leven om van te houden, alleen katten, dus dit brak haar hart.

Ik bezocht eens een Vietnam veteraan. Zijn naam was Roy en hij deed aan autoracen en reed op een Harley Davidson. Zijn enige sociale activiteit was eens per maand een potje poker spelen met een paar vrienden. Ik had absoluut niets gemeen met die man. Ik was nooit bij een autorace geweest en, om eerlijk te zijn, was ik bang voor hem. Maar ik merkte dat hij nooit bezoek kreeg en dit zette me aan om door te gaan bij hem aan te kloppen. Ik wilde hem helpen dus ik moest proberen een manier te vinden een relatie met hem te krijgen.

Na een paar bezoeken waarin ik deze dingen over hem te weten kwam, ging ik naar het vrijwilligerscentrum van het ziekenhuis en daar kreeg ik een paar exemplaren van *Popular Mechanics*, een paar tijdschriften over auto-racen en een spel kaarten. Bij mijn volgende bezoek gaf ik hem de tijdschriften en speelden we poker. In dit geval was dit voor mij de beste manier om een relatie met hem op te bouwen en hem een beetje troost te schenken. Soms moeten we onze definitie van wat spiritueel is verruimen. Iemand de bijbel of religieuze muziek geven hoeft niet altijd het meest passend voor hem te zijn. We zijn er om de patiënt te troosten, niet onszelf.

Amma illustreert deze eigenschap ook volmaakt. Ze ontmoet iedereen waar hij is op zijn persoonlijke levenswandel. Wanneer Ze studenten ontmoet, wordt Ze student, gaat met hen op hun niveau om en verwerpt nooit hun zorgen en vragen. Hetzelfde geldt voor Indiërs, westerlingen, mensen met een gezin, monniken, kinderen, vakmensen en daklozen. Amma bouwt moeiteloos en spontaan bruggen en laat mensen voelen dat Zij van hen is en dat Ze hen begrijpt ongeacht de taal of culturele verschillen.

Signalen

Soms zullen stervenden ons signalen of symbolen geven. Zij kunnen bijvoorbeeld zeggen: "Ik had vannacht een droom. Ik was aan het inpakken voor een reisje maar ik kon mijn paspoort niet vinden." Dit kan betekenen dat zij ons proberen te zeggen dat zij zich klaar maken voor vertrek. Misschien zijn zij zich hier niet eens bewust van. Wij kunnen vragen: "Wat denk je dat deze droom betekent?" Dit kan het begin zijn van een uitvoerig gesprek over de dood dat de patiënt wilde voeren maar waarvan hij niet wist hoe het te beginnen.

Elizabeth Kübler-Ross zegt: "Het is belangrijk dat we de symbolische taal leren die veel van onze patiënten gebruiken wanneer ze niet met hun verwarring overweg kunnen en er nog niet aan toe zijn om openlijk over dood en sterven te praten. Soms gebruiken ze verborgen taal als ze onzeker zijn over hoe hun omgeving zal reageren of wanneer ze meer angst en onrust teweegbrengen bij de familieleden dan zij zelf ervaren."[4]

We kunnen niet zomaar aannemen dat er een volgende keer zal zijn.

Ik bezocht eens een patiënt die José heette. Hij was een Latijns-Amerikaanse man die aan aids, leukemie en levercirrose leed. We hadden elkaar drie of vier keer gesproken en hadden een fijn contact.

Hoewel hij op de intensive care lag, zat hij rechtop in bed te eten en met een vriend te praten, toen ik binnenkwam. Omdat hij bezoek had, bleef ik niet lang. Toen ik bij de deur stond om te vertrekken, zei hij: "Ik houd van je." Dit leek een beetje ongewoon omdat we alleen maar kennissen waren. Ik draaide

---

[4] Zie Ross, pagina. 17

me om, glimlachte naar hem en vertrok. Die nacht stierf hij.

Toen ik hierop terugkeek, realiseerde ik mij dat hij geprobeerd had afscheid van mij te nemen. Ik had terug de kamer in moeten gaan, naar zijn bed lopen, zijn hand vastpakken en zeggen: "Ik houd ook van jou. Dag!." Dit was echt een gemiste kans. Ik verzuimde om er voor deze prachtige, expressieve persoon te zijn en die kans krijg ik nu nooit meer. Neem nooit je volgende bezoek als vanzelfsprekend aan.

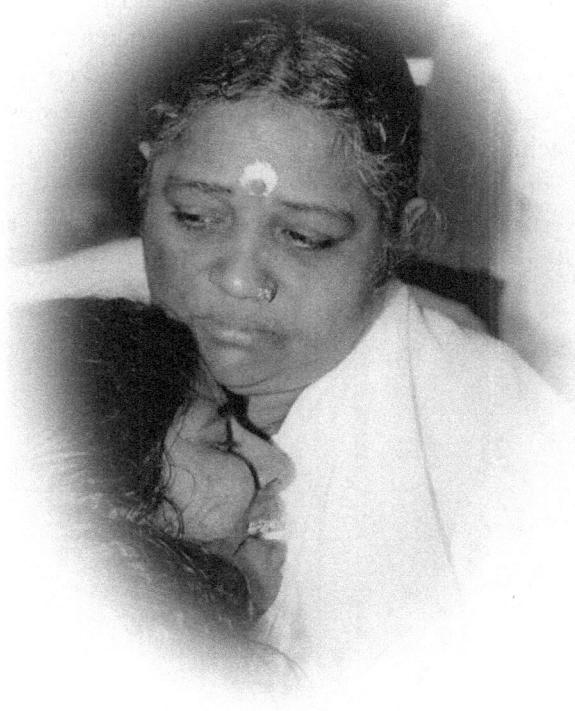

De dood

"De dood is een kunst die geleerd en beoefend moet worden. Die kunst kan alleen beoefend worden als je je ego loslaat en kan alleen geleerd worden door meditatie te beoefenen. Alleen wanneer we de onvermijdelijkheid van onze eigen dood beseffen, zullen we de dringende noodzaak voelen innerlijke vrede en waar geluk te zoeken."

— Amma

Het stervensproces

"Als je sterft wanneer je in een diepe meditatieve staat bent, zal het een dood zijn waarna je niet opnieuw geboren zult worden. Meditatie zal ons redden van alle soorten onrust. Je hoeft niet in God te geloven om te mediteren. Je kunt je voorstellen dat je in het Oneindige opgaat zoals een rivier in de oceaan opgaat. Deze methode zal je zeker helpen onrust te vermijden."

– Amma

Wanneer voor iemand de laatste stadia van het stervensproces beginnen, zijn er twee verschillende krachten actief. Op het fysieke niveau begint het lichaam te ervaren dat alles definitief stilgelegd wordt, wat erin resulteert dat alle lichamelijke systemen ophouden met functioneren. De andere kracht van het stervensproces vindt plaats op het emotionele, spirituele en mentale vlak: de ziel van de stervende begint met het uiteindelijke proces van bevrijding van het lichaam en zijn directe omgeving.

'Actief sterven' is een term die gebruikt wordt om de toetsnad te beschrijven van degenen die het stervensproces begonnen zijn. Dat is gewoonlijk een periode van een of twee weken voor de dood tot de tijd waarop de dood intreedt. Over het algemeen betekent het dat de patiënt opgehouden is met eten en drinken. Er is soms een tastbaar gevoel dat hij zich in zichzelf terugtrekt. Sommige stervenden verliezen hun belangstelling voor de krant en televisie. Misschien hebben ze er geen behoefte meer aan om hun huis of zelfs hun kamer te verlaten. Hun aandacht is naar binnen gericht, omdat zij hun energie richten op het sterven, op het scheiden van deze wereld. Zij kunnen buiten bewustzijn raken en weer terug bij bewustzijn komen. Emotioneel kan de stervende zich geleidelijk terugtrekken van vrienden en kennissen totdat er slechts een klein groepje mensen overblijft.

Enkele algemene zaken die zich tijdens deze periode kunnen voordoen, zijn: langere slaapperioden, verandering in de bloedcirculatie, verandering in de ademhaling, minder behoefte aan eten en drinken, koud of koortsig aanvoelen, rusteloosheid en agitatie. Er kan ook een uitbarsting van energie zijn voor de dood; de stervende kan alerter worden en dingen zeggen of eten waar hij kort tevoren niet toe in staat was.

Op dat moment kunnen we als bezoeker veel doen om een vredige atmosfeer rond hem in stand te houden. Onze geliefde spreekt misschien minder wanneer de dood zich aankondigt. Denk eraan aanraking te gebruiken. Wanneer woorden hun kracht verliezen, kan een zachte aanraking de stervende geruststellen dat hij verzorgd en bemind wordt.

Wanneer de patiënt veel familieleden en vrienden heeft of wanneer bijvoorbeeld een ex-echtgenoot uit het grijze verleden opduikt, kan er veel commotie zijn. Helaas worden degenen die bij een zieke aanwezig zijn, niet binnen een dag heilig. Vaak worden negatieve persoonlijkheidskenmerken versterkt. Als relaties tussen familieleden al fragiel waren, raken ze vaak nog meer gespannen. In tijden van stress bezwijken mensen vaak voor kleingeestigheid en jaloezie en handelen ze vaak onbewust.

Wanneer er luide discussies of zelfs meningsverschillen in de kamer ontstaan en de patiënt wakker is, dan kunnen we vragen: "Voelt deze atmosfeer goed voor jou? Of zou je gelukkiger zijn als we één voor één binnenkomen om wat tijd met je door te brengen? Wat zou het meest ontspannen voor je zijn?" Nogmaals, we mogen niet de leiding overnemen en iedereen de kamer uitsturen; vraag de stervende wat hij wil.

Soms moeten we als pleitbezorger voor iemand die buiten bewustzijn is optreden door de familieleden vriendelijk doch dringend te vragen: "Denken jullie dat jullie deze discussie buiten kunnen voeren?"

Onderzoek wijst uit dat mensen die buiten bewustzijn zijn, vaak nog wel kunnen horen wat er rondom hen heen gebeurt. We moeten dus alleen over positieve dingen spreken. Wanneer iemand buiten bewustzijn is, is één manier om bij hem te zijn stil naast zijn bed te zitten en gewoon jouw ademhaling op die van hem af te stemmen. Wanneer hij inademt, adem jij ook in, wanneer hij uitademt, adem jij ook uit, etc. Dat is meestal een vredige en kalmerende ervaring voor ons als bezoeker en het verbindt ons met onze geliefde.

Soms moeten we pleitbezorger worden voor de patiënt wanneer we te maken krijgen

met hun familie of zelfs met ziekenhuismede-
werkers. We kunnen ons ongemakkelijk voelen
wanneer we spreken met en vragen stellen aan
doktoren, verpleegkundigen of de moeder of
vader van de patiënt. Wees niet agressief maar
als iemands gedrag niet ondersteunend lijkt,
is het een goed idee om dat te onderzoeken.

Een paar jaar geleden bracht een vriendin
van mij, Kate, een bezoek aan haar oom in
het ziekenhuis. Hij had een ernstige beroerte
gehad. Hij had eerder een paar lichte beroertes
gehad en leed aan epilepsie. Daarom had de
familie een verzorgster aangesteld. Zij was in
de kamer toen Kate binnenkwam. Haar oom
kon niet meer praten of zich bewegen, maar hij
was duidelijk ontroerd toen hij haar zag. Tranen welden in zijn ogen op. Zij hadden elkaar
lange tijd niet gezien. Kate wilde daar alleen
maar op een liefdevolle manier bij hem zijn,
maar na een paar minuten zei de verzorgster
haar dat ze moest gaan omdat haar oom moe

was en geen bezoek zou kunnen hebben, ook al was het binnen de bezoektijd. Mijn vriendin voelde instinctief dat dit niet juist was maar verliet gehoorzaam de kamer.

Twee dagen later stierf haar oom. Ze had heel veel spijt dat ze niet langer bij hem gebleven was. Ze had niet de kans gekregen afscheid te nemen of op een dieper niveau verbinding te maken. Ze had het gevoel dat de vrouw haar had gevraagd weg te gaan omdat zij de situatie onder controle wilde houden. Toen ze erop terugkeek, voelde ze dat ze erop had moeten aandringen om te blijven.

Een ander veel voorkomend verschijnsel tijdens het sterven is de ervaring van een visioen. Onze stervende vriend kan beweren dat hij gesproken heeft met mensen die al dood zijn of zelfs dat hij een heilige of een wijze gezien heeft. Ze kunnen spreken over verafgelegen oorden en plaatsen die voor ons niet duidelijk zijn.

Deze visioenen kunnen een manier van de natuur zijn om de persoon te helpen dit leven los te laten en hen voor te bereiden op de aanstaande overgang. Spreek het alsjeblieft niet tegen, redeneer het niet weg, geef het geen etiket en bediscussieer niet wat degene gezien of gehoord zegt te hebben. Dat wij het niet kunnen zien of horen, betekent nog niet dat het niet reëel voor hen is. Deze visioenen zijn normaal en komen veel voor. Wanneer ze de patiënt bang maken, probeer hen dan gerust te stellen.

Het afscheid

"De dood is een deel van het leven. Ieder van ons moet de dood vandaag of morgen onder ogen zien. Het is niet belangrijk hoe we sterven, maar hoe we leven. God heeft ons de vrijheid gegeven om te lachen of te huilen. Zelfs wanneer we aan alle kanten omringd zijn door duisternis, moeten we het licht in ons brandend kunnen houden. Dat onze geliefde gestorven is, betekent niet dat we voortdurend moeten treuren. Onze heilige geschriften verwijzen naar de dood als een stap in een nieuw leven."

– Amma

Wanneer we aanwezig zijn op het moment dat iemand daadwerkelijk het lichaam verlaat, kunnen we enkele dingen doen om zijn geest te helpen om te vertrekken of verder te gaan. We mogen nooit iemand vastpakken en iets zeggen als: "Laat me niet alleen!" Indien mogelijk kunnen we onze hand op de kruin van de stervende leggen en op een aangename, kalme en geruststellende manier spreken.

Een jaar lang bezocht ik vaak een gezin met een tweeling. Een van de twee, James, kreeg de diagnose van een hersentumor toen hij een jaar oud was. Dit gezin bracht een jaar in het ziekenhuis door. Ik werd erg bevriend met hen.

Op een dag vertelde de sociaal werkster van de afdeling mij dat James waarschijnlijk elk moment kon overlijden. De staf bracht zijn tweelingbroer de kamer in en nam foto's van hen samen. Hij bleef en speelde ongeveer een uur in de kamer en vertrok toen. De kamer was vol met vrienden en familie. En zo brachten we de dag door.

Elf uur later werd zijn ademhaling heel moeizaam en elke ademteug was heel pijnlijk voor ons om aan te horen. Ik begon mij af te vragen waarom James nog steeds bleef ademen. Ik veronderstelde dat hij als tweejarige misschien bang was om naar een nieuwe plaats te gaan en zijn moeders toestemming en geruststelling nodig had. Omdat ik heel bevriend met de moeder was, vond ik dat ik haar een suggestie kon doen. Ik fluisterde in haar oor: "Susan, ik denk dat je hem hier doorheen moet praten. Ik denk dat hij bang is en dat hij echt jouw toestemming nodig heeft om te gaan."

Deze ongelooflijk moedige vrouw pakte zonder een traan te laten haar tweejarig kind op en zei tegen hem: "Schatje, het is tijd om te gaan. Je hebt zo hard gevochten en we houden van je. Met John (de tweelingbroer) zal het goed gaan. Opa wacht op jou. Ik houd van je en wil dat je gaat." Twintig minuten later stierf hij.

Soms gebeurt het tegenovergestelde en wil iemand degene van wie hij houdt niet laten gaan. Een vriendin vertelde mij het volgende verhaal:

"Ik bezocht een kennis die erg ziek was. Haar zoon vond het heel moeilijk haar dood te accepteren. Hij bleef maar zeggen: "Laat me niet alleen." De andere familieleden en vrienden raakten zo gespannen door hem dat ik hem uitnodigde met mij naar buiten te gaan. Ik bleef een hele tijd bij hem, liet hem huilen en praten maar hielp hem ook de spanning die hij voor zijn moeder creëerde, te begrijpen. Hij begreep dat hij haar toestemming moest geven om te gaan zoals iedereen dat gedaan had, maar hij wilde het echt niet doen. We gingen terug naar binnen en hij zei tegen haar dat het goed met hem zou gaan, maar dat hij haar heel erg zou missen.

Ze overleed binnen enkele minuten maar hij huilde de hele tijd. Zijn lichaam schokte toen hij haar zei te gaan. Het kostte hem alles wat hij had."

Soms denken we dat we toestemming hebben gegeven of dat de stervende weet dat we van hem houden en dat het goed met ons zal gaan. Maar gewoonlijk heeft de patiënt het nodig om dat te horen; soms meer dan een keer. Het kan erg moeilijk zijn om open en vertrouwelijk met elkaar te praten wanneer we niet gewend zijn aan dit niveau van intimiteit of aan het onder woorden brengen van onze gevoelens, maar we moeten de moed vinden om ons op dat moment uit te drukken, in het belang van onze geliefde.

Veel stervenden, of ze oud of jong, man of vrouw zijn, zijn bezorgd over degenen die zij achterlaten. Sommigen zijn bezorgd over financiële kwesties, sommige over emotionele dingen. Alex, het zestienjarige meisje dat dringend een longtransplantatie nodig had, was uitermate bezorgd over het effect dat haar ziekte op haar moeder had. Ze dacht er zelfs over zelfmoord te plegen omdat ze dacht dat haar moeder niet nog meer pijn kon verdragen. Voor bijna iedere stervende is de bezorgdheid voor de geliefden die achterblijven enorm groot.

Culturele verschillen respecteren

Wat betreft het respecteren van culturele verschillen is Amma een groot voorbeeld voor ons allemaal. Ze gaat voortdurend om met mensen van verschillende culturen en rassen, en toch geeft Zij iedereen dezelfde aandacht en liefde en ziet ze geen verschillen tussen hen.

Het kan gebeuren dat je aanwezig bent bij het stervensproces van iemand die totaal andere overtuigingen heeft dan jij. We moeten de overtuigingen van de stervende eren en respecteren, zelfs wanneer het dingen zijn die wij als culturele mythologie of bijgeloof beschouwen.

Toen een van mijn Ierse vrienden overleden was, deed ik het raam open omdat sommige Ieren geloven dat de geest door het open raam vertrekt. Het was niet mijn overtuiging maar omdat het de zijne was, respecteerde ik die.

Omdat het zijn overtuiging was, was het misschien ook zijn ervaring.

Verschillende culturen gaan op verschillende manieren met de dood om. Een vriendin van mij vertelde dat ze nooit zou huilen in het bijzijn van een geliefde die aan het sterven was. Ze kwam uit een gezin dat geloofde in de 'houd je flink' benadering en dacht dat huilen de patiënt verdrietig zou maken. Sommige culturen kiezen ervoor de patiënt te beschermen door hen niet te vertellen dat hij terminaal ziek is en dicht bij de dood is. We moeten de verschillende manieren waarop mensen met zulke serieuze situaties als de dood of fatale ziekten omgaan, respecteren zonder onze overtuigingen aan hen op te dringen.

Je kunt een kamer binnenkomen met emotioneel zeer expressieve mensen die jammeren en op hun borst slaan of je kunt een kamer binnengaan met mensen die elkaar niet aanraken of praten of huilen; het kan zijn dat zij zelfs niet eens dicht bij de stervende zitten. Denk eraan dat de culturele normen en gebruiken van de een niet beter of slechter zijn dan die van de ander. Het is belangrijk ieders culturele gedrag en tradities te respecteren.

Hier volgt een gesprek dat ik voerde met een Grieks-orthodoxe vrouw. Ik wist bijna niets van deze religie. Zoi was in Griekenland geboren en naar de Verenigde Staten geëmigreerd. Ze had eerder uitgebreid met mij gesproken over haar religie, cultuur, eten en de festivals die een belangrijk deel van haar leven uitmaakten.

Gesprek 6 - Culturele en religieuze verschillen

Patiënt: Ik heb slecht nieuws. De doktoren hebben negen tumoren in mijn hersenen gevonden.

Bezoeker: *(steekt haar hand uit en raakt haar been aan, haar vriendelijk in de ogen*

kijkend) Dat spijt me erg voor je, Zoi.
Wat voel je nu?

Patiënt: Ik denk dat ik geschokt ben.
De dokter zegt dat ik bestraald moet
worden. Maar ik ga eerst naar huis om
de dingen met mijn gezin te bespreken.

Bezoeker: Hoe zal dat voor je zijn?

Patiënt: Ik ben erg bezorgd. De long en
de lever zijn okay, maar die hersenen…
ik ben echt ongerust. Ik ben niet bang
om dood te gaan. Iedereen gaat een keer
dood, maar mijn zoon. Hij hangt zo aan
mij. Ik probeer hem te zeggen: "Luister,
wanneer er iets met mij gebeurt…"
Maar dan zegt hij: "Nee, Mammie,
praat niet zo" en hij gaat de kamer uit.

Bezoeker: Het klinkt alsof je dan alleen
gelaten wordt om in het reine te komen
met al je gevoelens.

Patiënt: Hij is zo aan me gehecht. Te
veel. Hij is te nabij. Ik weet niet wat ik

zal doen. *(Ze is zo op hem gericht dat ze zelfs niet kan reageren op de bewering dat ze geen enkele steun heeft.)*

Bezoeker: Is aan je zoon vertellen voor jou op dit moment het moeilijkste aan deze ziekte?

Patiënt: Ja, dat is zo. Hij komt me straks bezoeken. Ik begrijp gewoon niet waarom dit mij moet overkomen. Ik ben een goed mens. Dat kun je aan iedereen vragen. Kun jij mij vertellen waarom mij dit overkomt?

Bezoeker: Nee, dat kan ik niet. Dat weten wij niet. Alleen God weet dat. Ik denk dat dat één van de mysteries van het leven is. Kun je me iets vertellen over je relatie met God?

Patiënt: De afgelopen nacht was het niet zo goed. Ik zei tegen God: "Het spijt me, maar ik heb mijn vertrouwen verloren."

Bezoeker: Wel, als je met God praat, kun je niet helemaal je vertrouwen verloren hebben.

Patiënt: *(lacht)* Ik denk dat je gelijk hebt. Maar ik ben zo boos.

Bezoeker: Dat is in orde. Je mag boos zijn.

Patiënt: Ik begrijp gewoon niet waarom. *(met grote intensiteit en stemverheffing)* Waarom? Waarom gebeurt dit?

Bezoeker: *(raakt haar been aan en kijkt haar liefdevol aan)* Dit moet een hele zware en verwarrende tijd voor je zijn, Zoi.

Dit gesprek is tamelijk kenmerkend wanneer iemand voor de eerste keer een zeer negatieve prognose krijgt. Er zijn hier veel thema's: haar vertrouwen, de voortdurend aanwezige vraag waarom en haar zoon, die de gedachte dat hij zijn moeder verliest niet verdragen kan. Zelfs wanneer wij als zorgverleners niet dezelfde overtuigingen hebben of uit een andere cultuur komen, kunnen we blijven luisteren naar de thema's die bij de patiënt tijdens het bezoek opkomen.

Kinderen

Als de patiënt kinderen heeft, is het belangrijk hen erbij te betrekken. Het is belangrijk om met hen te praten over wat zij kunnen ervaren en ook te delen wat wij ervaren.

Over het algemeen hebben kinderen tussen de vijf en tien jaar niet de woordenschat of het vermogen om hun gevoelens volledig onder woorden te brengen. Meer nog dan volwassenen hebben zij een ondersteunende en veilige omgeving nodig waar zij zich kunnen uiten. Kinderen hebben ook begrenzingen nodig. Wat een kind zich voorstelt, is gewoonlijk veel erger dan wat in werkelijkheid met iemand die stervende is gebeurt.

In sommige landen, bijvoorbeeld in de Verenigde Staten, is er een hele nieuwe bedrijfstak in de meeste grote medische centra ontstaan die 'Diensten voor Kinderleven' heet. Het is een welkome aanvulling op alle medische voorzieningen. De mensen die er werken, zijn opgeleid om met kinderen te praten afgestemd op hun leeftijd, ontwikkeling en intellectuele capaciteit.

Wanneer je in een situatie bent waarbij een kind betrokken is, vraag dan naar deze dienstverlening. Als het ziekenhuis dat je bezoekt klein is of een dergelijk afdeling niet heeft, bel dan een groter ziekenhuis in de buurt en praat met hen over je situatie.

Een vriendin van mij vertelde het volgende verhaal:

"Toen ik als geestelijk verzorger werkte, werd ik op een nacht geroepen naar een patiënt die acute reanimatie nodig had. Toen ik daar aankwam, waren er al veel mensen in de kamer van de man die een hartstilstand had gekregen. Zijn vrouw stond buiten de deur en ze keek met grote bezorgdheid naar binnen terwijl ze haar zesjarig dochtertje afschermde zodat zij niet kon zien van wat er gebeurde. Niettemin kon alles meisje het horen en ze voelde de gespannen energie en stress in de atmosfeer.

Toen de verpleegster mij zag, riep ze mij onmiddellijk en zei tegen de vrouw: 'Dit is de geestelijk verzorger.' Ik vroeg haar: 'Wilt u binnen bij uw man zijn?' Ze zei: 'Ja, maar mijn dochter...' Ik knielde en vroeg het meisje: 'Als je moeder naar binnen gaat om je vader te helpen, wil jij dan hier bij mij blijven?' Met grote, bange ogen knikte ze ja. Ik opende mijn armen en ze stortte zich erin. Ik tilde haar op en liep met haar door de hal. Eerst vroeg ik haar hoe ze heette en ik vertelde haar mijn naam. Toen zei ik: 'Tjonge, dit moet heel beangstigend voor je zijn.' 'Ja, dat is zo,' zei ze. Ze knikte heftig, duidelijk opgelucht dat ze iemand gevonden had die wist wat er in haar omging. Ik vervolgde: 'Als ik jou was, zou ik ook bang zijn.' We bleven praten totdat ik het bericht kreeg dat haar vader succesvol gereanimeerd was en ik haar naar de kamer kon brengen om haar papa te bezoeken.

Tijdens ons gesprek stelde ik haar simpelweg vragen om haar te laten praten zodat zij haar gevoelens kon uiten over het feit dat haar vader was opgenomen en haar gevoelens die ze op dat moment had. Zelfs wanneer kinderen niet volledig begrijpen wat er gebeurt, kunnen zij de intense energie in dergelijke situaties oppikken. Toen ik mijn armen opende en zij ervoor koos mij te vertrouwen, was er op de een of andere manier een veilige haven geschapen. Voor kinderen moet zo'n veilige haven keer op keer gemaakt

worden om hen te verlossen van hun
lijden, angst en pijn."

Zorg verlenen aan de zorgverlener

Soms is het niet de stervende patiënt maar de belangrijkste zorgverlener die onze zorg en aandacht nodig heeft. Zorgverleners zijn vaak bang om het bed van hun partner of ouder te verlaten en kunnen daardoor volkomen uitgeput raken. De zorgverlener helpen is ook heel belangrijk. Je kunt een kop thee, water of eten aanbieden, of voorstellen bij de patiënt te blijven terwijl hij een pauze neemt.

Wanneer we ons geroepen voelen om de belangrijkste verzorger te zijn en het ernaar uitziet dat dat voor lang tijd zal zijn, een maand, drie maanden, zes maanden of een jaar, moeten we nadenken over wat we nodig hebben om in staat te zijn dag in dag uit aanwezig te zijn.

Dit soort dienstverlening kan zowel emotioneel als fysiek vermoeiend zijn. Zelfs na één uur bij een patiënt kunnen we ons voelen alsof we zojuist uit de achtbaan gestapt zijn. Misschien hebben we gelachen, gehuild en hen geholpen om hun gecompliceerde en voortdurend veranderende emoties op een rijtje te zetten. Ze kunnen het ene moment willen sterven en het volgende moment er uiting aan geven hoe moeilijk het is om de mensen in hun leven los te laten.

Deze verscheidenheid aan emoties kan binnen één bezoek plaatsvinden. Het is dus goed om voorbereid te zijn: wat helpt jou om te gaan met spanning? Wie kun je bellen wanneer je een pauze nodig hebt? Het is heel moeilijk om aanwezig te zijn en goede beslissingen te nemen wanneer we uitgeput en gespannen zijn of te veel cafeïne in ons bloed hebben.

Het belang van humor

"Lachen is goed voor het hart. Ernst is een ziekte die we moeten proberen te vermijden. We moeten onszelf toestaan meer te lachen. Lachen is goed voor de gezondheid. Hartelijk lachen is de beste manier om ons te openen."

— Amma

Toen mijn vader met kanker in het ziekenhuis lag, kwam er een priester om het sacrament der zieken te geven. Die dag waren er ongeveer twintig mensen bij hem op bezoek. We stonden allemaal rondom zijn bed en de sfeer was zeer plechtig; mensen huilden.

De priester verrichtte de zalving en toen hij klaar was, opende mijn vader zijn ogen,

knipoogde naar de priester en zei: "Goed gedaan, Vader!"

We begonnen allemaal te giechelen. Zijn
humor brak alle spanning in de kamer. Nu
huilden we van het lachen! Het was zo'n ca-
deau van mijn pa aan ons, typisch iets voor
hem om ons allemaal aan het lachen te maken.

Ik pleit er niet voor dat het goed is om onze
emoties te verbergen door grappen te maken.
Veel mensen die zieken bezoeken, voelen zich
ongemakkelijk met de gevoelens die zij ervaren en maken uit nervositeit grappen om de
spanning te breken. Dit is geen goed idee. We
kunnen om hun grappen lachen, maar we willen niet sarcastisch zijn, enkel omdat het een
verdedigingsmechanisme voor ons is.

Wanneer lachen helpt op een gezonde
manier de spanning te verlichten, zouden we
in plaats hiervan kunnen voorstellen naar een
komische film te kijken of een humoristisch
boek van de favoriete komiek van de patiënt

voor te lezen. Een goede vuistregel bij humor is: wees vriendelijk, mild en kundig

Het troosten van de rouwende mensen

Soms kunnen we helpen door de geliefden die achterblijven te troosten. Als iemand plotseling is gestorven, tijdens een operatie of een ongeluk of zelfs onverwachts tijdens een langdurige terminale ziekte, is het het beste meer een stille aanwezige te zijn bij het troosten van een rouwende vriend of partner. Ik las eens een verhaal over een man die zijn zoon verloren had. Toen hem gevraagd werd wat hij nodig had, antwoordde hij dat hij alleen maar wilde dat iemand naast hem op de bank zat. Soms is er niets te zeggen.

Ik bezocht eens een echtpaar dat net, enkele ogenblikken geleden, hun twee weken oude zoontje verloren had. Hij had koorts gekregen en was binnen vierentwintig uur heengegaan.

Zij waren in een shock. De moeder bleef maar tegen mij zeggen: "Ik moet hem mee naar huis nemen." Hun verdriet was gigantisch. Ik was twee uur bij hen en ik denk niet dat ik de hele tijd meer dan een paar woorden gezegd heb. Er was niets dat gezegd kon worden om hun immense verdriet te verlichten. Ik hield ze vast, omhelsde ze en gaf ze water te drinken. Wat kan er in zo'n situatie gezegd worden?

De dood bestaat niet

Het komt voor dat er een transformatie plaatsvindt wanneer iemand te horen krijgt dat hij vanwege een ziekte niet lang meer te leven heeft. De patiënt kan dan soms de illusie van de belofte van een betere toekomst doorzien. Wanneer het gevoel opkomt "Ik ben in de laatste fase" en hij nergens anders heen kan, dan bestaat de mogelijkheid van een verandering in het bewustzijn of een enorm opengaan van het hart.

Ik was een jaar samen met mijn vriendin Sara, het laatste jaar van haar leven. Ze was veertig jaar en er was leukemie bij haar vastgesteld. We brachten veel tijd samen door tijdens de vele ups en downs van haar diverse behandelingen. Ik was zelfs bij haar tijdens twee beenmergtransplantaties. We spraken

zeer diepgaand over spirituele aangelegen-
heden, hoewel zij zichzelf beschreef als een
overtuigd atheïst.

Sara had een zeer sterke persoonlijkheid.
De andere patiënten van de afdeling zochten
haar altijd op voor troost en een gesprek. Elke
keer wanneer ze slecht nieuws van haar arts
ontving, zei ze: "Wel, laten we kijken wat er
hierna komt." We mediteerden vaak samen.
Soms luisterde ze naar een cd over de behandeling van kanker door visualisatie terwijl ik
haar voeten wreef.

Op een dag, ongeveer een maand voordat
ze stierf, begon ze na het beluisteren van de
cd te huilen. Ik dacht bij mijzelf: "O, goed, ze
accepteert eindelijk haar sterfelijkheid."

Tot dat moment had ik het moeilijk gevonden door haar ongelooflijk positieve kijk
op de zaak heen te breken en erover te praten
dat er een goede kans bestond dat ze het niet
zou halen.

Ik ging dichtbij haar zitten en vroeg of ze wist waar haar tranen vandaan kwamen. Na een poosje glimlachte ze en zei: "Ik ben zo vol leven. Er zijn geen barrières meer tussen jou en mij of tussen mij en alles en iedereen. Ik voel alleen liefde voor alles, ik huil omdat ik wil dat iedereen dit voelt maar dat kunnen ze niet." Ze snikte lange tijd, niet uit zelfmedelijden of angst voor de dood, maar uit liefde en dankbaarheid. Ze had een volledig spirituele ervaring.

Op het moment van haar dood vroeg haar echtgenoot of ze meer morfine wilde. Ze twijfelde en hij zei tegen haar: "Weet je, je hoeft dit niet langer vol te houden." Ze glimlachte en zei: "Okay". Ze stierf tien minuten later, rechtop zittend en glimlachend terwijl ze naar een enorm vergezicht keek.

Sterven kan een viering van het leven zijn. Ik bezocht eens een Portugees gezin. De vrouw was juist bevallen. Een paar dagen voor de bevalling kreeg ze te horen dat haar kind niet lang zou leven. Haar man, haar ouders en een katholieke priester, die een vriend van mij was, waren allemaal aanwezig. Zodra de verpleegsters de baby naar binnen brachten, begonnen alle familieleden te klappen en te juichen. Ze duwden een fototoestel in mijn handen en zeiden: "Maak foto's!" Ze hielden om de beurt de baby vast en spraken tegen hem in het Engels en Portugees. "We houden zoveel van je." "Je bent perfect. O, je bent zo mooi." De priester en ik namen beurtelings foto's en veegden de tranen uit onze ogen.

Na ongeveer twintig minuten, toen ik naast de moeder die de baby vasthield zat, draaide zij zich naar mij om en zei eenvoudig: "Hij is koud, hij wordt blauw." Toen stierf hij in haar armen.

Ik was zo gezegend om deelgenoot te zijn van dit prachtige, volle leven dat twintig minuten duurde. Deze mensen hielden van deze baby voor de volle twintig minuten van zijn leven, dieper en met meer affectie dan sommige mensen hun gehele jeugd ervaren. Wat een prachtige les leerden zij mij. Het was een ongelooflijk ontroerende ervaring voor mijn vriend en mij; we waren nooit eerder van zoiets getuige geweest.

Vele profeten en wijzen hebben ons herhaaldelijk en op verschillende manieren verteld dat er niet zoiets als de dood bestaat. Ik heb de dood horen beschrijven als het verlaten van de ene kamer en het binnengaan in een andere of het uitdoen van een oude jas die je niet meer nodig hebt. Amma zegt vaak: "De dood is als een punt aan het eind van een zin. Er volgt een kleine spatie en dan beginnen we opnieuw te schrijven."

Een vriendin van mij ontdekte dat Arthur, één van de beste vrienden van haar moeder, stervende was aan een hersentumor. De doktoren vertelden hem dat hij nog zes maanden tot een jaar te leven had. Ongeveer twee maanden later had mijn vriendin een droom waarin Arthur aan haar verscheen. Hij zag er wat jonger uit en droeg niet zijn gebruikelijke bril. Er was een groot gevoel van vrede om hem heen. Hij zei: "Zeg tegen je moeder dat ik gestorven ben, maar dat ik niet dood ben." De volgende ochtend belde zij haar moeder die haar vertelde dat Arthur 's nachts overleden was.

De dood is een wezenlijk deel van het leven. We mogen niet toestaan dat de dood ons verwoest. Integendeel, we kunnen ervan leren. Toen ik geestelijk verzorger was, heb ik gezien dat mensen met vertrouwen of spiritueel begrip ontzettend veel baat vonden bij de basiskennis en geruststelling die hen dit schonk. Als ik aan het einde van de dag met de trein naar huis ging, werd ik, nadat ik zoveel lijden gezien had, vaak overweldigd door een gevoel van dankbaarheid voor Amma's aanwezigheid in mijn leven. We zijn zo gezegend Amma's liefde en compassie te hebben om ons te steunen en te troosten wanneer we de uitdagingen van het leven tegemoet treden. Mogen we inspiratie putten uit Amma's voorbeeld en mogen we groeien in dienstbaarheid en compassie.

Uitspraken van Amma
over de dood

"Kinderen, wie kan er de dood ontlopen? Wanneer je geboren wordt, komt de dood met je mee. Ieder moment van je leven kom je dichter bij de dood. Mensen zijn zich hier niet van bewust. Ze zijn zo verstrikt in de genoegens van de wereld dat ze dit totaal vergeten. Er is geen ogenblik dat de dood niet bestaat. In feite bevinden we ons altijd in de klauwen van de dood. De wijzen zijn zich bewust van de onvermijdelijkheid van de dood en proberen die te overstijgen."

"Een wijs mens verzamelt terwijl hij 'in het leven' leeft, de mentale en spirituele kracht om ook 'in de dood' of in de eeuwigheid voorbij de dood te leven. Zijn ego sterft. Wanneer het ego eenmaal gestorven is, is er geen persoon meer en dus niemand om dood te gaan. Zulke mensen zijn zo vol leven dat zij geen dood kennen. Omdat zij de dood overstegen hebben, kennen zij alleen leven, overal het eeuwig pulserende leven. Zij worden de essentie van het leven. De dood is een onbekend fenomeen dat voor hen niet bestaat. De dood die wij kennen, het doodgaan van het lichaam, kan hen ook overkomen maar deze dood betekent voor hen alleen een verandering. Zij zijn niet bang voor de dood van het lichaam. Tijdens het leven en door de dood heen blijven zij de essentie van het leven die een andere vorm aanneemt, indien zij dat wensen."

"De golven zijn niets anders dan water. Nadat er een golf opgekomen en ondergegaan is, neemt hetzelfde oceaanwater op een andere

171

plaats de vorm van een andere golf aan. Welke vorm of gedaante de golven ook aannemen, ze zijn niets anders dan oceaanwater. Op vergelijkbare wijze kan het lichaam van een perfecte ziel sterven als dat van een gewoon mens. Het verschil is dat een sterfelijk menselijk wezen zich als een afgescheiden entiteit beschouwt, een deel dat verschillend is van het Hoogste Bewustzijn, zoals een enkele golf afgescheiden van de oceaan is, terwijl een perfecte ziel zich volkomen bewust van zijn eenheid met het Absolute is. Hij weet dat hij geen geïsoleerde golf is maar de oceaan zelf, ook al heeft hij een menselijke vorm aangenomen. Daarom kent hij geen enkele angst voor de dood. Hij weet dat het een natuurlijk verschijnsel is, slechts een verandering. Hij weet heel goed dat het lichaam door geboorte, dood en wedergeboorte heen gaat, net zoals een golf opkomt, ondergaat en weer in een andere vorm op een andere plaats opkomt. *Mahatma's* weten dat zij de oceaan zijn en niet de golf. Zij zijn het *Atman* (het Zelf), niet het lichaam. Maar een gewoon mens denkt dat hij het lichaam is, een geïsoleerde golf en dat het voor altijd met hem gedaan is wanneer het lichaam sterft. Dat vervult hem met angst omdat hij niet wil sterven. Dus wordt hij verdrietig wanneer hij aan de dood denkt. Hij wil er voor wegrennen." [5]

"Geboorte en dood zijn alleen relatief. Vanuit het ultieme gezichtspunt zijn zij niet echt. Zoals iedere ervaring in het leven zijn het twee gebeurtenissen die een mens moet ondergaan. Vanwege hun intensiteit heeft de natuur een methode ontwikkeld waardoor de mens deze twee belangrijke momenten van zijn leven volkomen vergeet. Het is moeilijk voor een

---

[5] Swami Amritaswarupananda. *Awaken Children 4.* Kerala, India: Mata Amritanandamayi Mission Trust, 1992, 270-271.

gewoon mens bewust te blijven tijdens zijn eigen geboorte en dood. Geboorte en dood zijn twee stadia in het leven waarin men volkomen hulpeloos is. Als een kind in de baarmoeder zit en wanneer het uit de baarmoeder komt, is het hulpeloos. Hetzelfde geldt voor een stervende. Bij beide ervaringen heeft het ego zich zover op de achtergrond teruggetrokken dat het machteloos is. Kinderen, jullie zijn je er niet van bewust wat er met jullie tijdens of na de dood gebeurt. Jullie moeten zonder angst en volledig bewust zijn om open te staan voor deze ervaring. Wanneer je bang bent, zul je voor de ervaring gesloten zijn. Alleen degenen die genoeg diepgang hebben, die zonder angst zijn en die voordurend in een staat van bewustzijn zijn, in een staat van absoluut wakker zijn, zijn in staat bewust de gelukzaligheid van de dood te ervaren."

"Natuurlijk, als je het vermogen hebt bewust en alert te blijven terwijl je door de ervaring van de dood gaat, wordt het een ervaring als elke andere. Dan hinderen geboorte en dood je niet. Je glimlacht dan alleen in beide gevallen. Sterven is dan niet langer een vreemde ervaring voor je. Maar dit is alleen mogelijk als je één met je ware Zelf bent."

"Als gevolg van het besef dat je niet het lichaam bent maar het Hoogste Bewustzijn, wordt het hele centrum van je bestaan naar het Zelf verplaatst. Je zult ontwaken en je realiseren dat je sliep en dat de droom die deze wereld is, en alle ervaringen die daarmee samenhangen, alleen maar een spel zijn. Je zult lachen wanneer je naar dit voortreffelijke spel van het bewustzijn kijkt."[6]

---

[6] Swami Amritaswarupananda, *Awaken Children 8*, 164-165.

Praktische toepassing

"Het troosten van een ellendige ziel, het afvegen van de tranen van iemand die huilt, is belangrijker dan welke wereldse prestatie dan ook."

— Amma

Ik nodig je uit een dagboek bij te houden als je door dit proces gaat. Hier volgen een paar vragen die je kunnen helpen. Er zijn geen goede of slechte antwoorden; het doel van deze oefening is ons te helpen om te groeien in bewustzijn.

1. Schrijf alles op wat je je over het bezoek kunt herinneren.

2. Hoe voelde je je aan het eind van het bezoek? Raadpleeg de Lijst met gevoelsuitdrukkingen op de volgende pagina.

3. Als je nu aan het bezoek terugdenkt, heb je dan nieuwe of andere emoties?

4. Welke gevoelens heb je de patiënt horen verwoorden? Raadpleeg de Lijst van gevoelsuitdrukkingen op de volgende pagina.

5. Wat bracht jouw non-verbale communicatie over op de patiënt?

6. Kwam er iemand de kamer binnen tijdens het bezoek? Hoe veranderde dit de sfeer van het bezoek?

7. Gaf de patiënt aan dat hij iets nodig had? Zo ja, ben of was je in staat om hem dat te geven?

8. Voelde je je op enig moment ongemakkelijk? Weet je wat deze gevoelens veroorzaakte?

9. Voelde je je voorbereid toen je op bezoek ging (bijv. met beide benen op de grond, stabiel)? Zo niet, wat zou je de volgende keer kunnen doen om je beter voor te bereiden?

10. Voel je je emotioneel verbonden met de patiënt? Zo niet, waarom niet?

11. Wat ga je bij het volgende bezoek anders doen?

12. Had je een plan voor je op bezoek ging?

13. Heb je door deze ervaring iets over jezelf geleerd?

Lijst van gevoelswoorden

aangevallen

aarzelend

abnormaal

afgescheiden

afgesloten

afgrijselijk

afhankelijk

afschuwelijk

anders

angstig

anoniem

apathisch

bang

bedillerig

bedrogen

bedwelmd

beetgenomen

beklemd

bekommerd

bekwaam

beroerd

berouwvol

beschaamd

beschadigd

beschuldigd

betutteld

bevreesd

bezorgd

boos

buitengesloten

chaotisch

dankbaar

door leed getroffen

driftig

eenzaam

egoïstisch

ellendig

emotioneel

furieus

gammel

geboeid
gecompliceerd
gedwongen
geforceerd
gefrustreerd
gehecht
geïrriteerd
geïsoleerd
gek
gekooid
gekruisigd
gekweld
genegeerd
geslepen
gespannen
gevangen
gevoelig
gewond
haatdragend
hopeloos
hulpeloos
in de steek gelaten

in gevaar
in levensgevaar
in paniek
ingesloten
jaloers
kinderlijk
knorrig
koppig
krachteloos
krankzinnig
lastig
leeg
loodzwaar
lusteloos
machteloos
meelijwekkend
met een gebroken hart
misbruikt
mishandeld
misselijk
misvormd

moedeloos
neergeslagen
negatief
nerveus
neurotisch
omgepraat
onbegrepen
onbeheersbaar
onbekwaam
ongerust
ongeschikt
ongevoelig
onhandig
ontevreden
ontmoedigd
onzichtbaar
op de kop gezeten
opgelicht
opgewonden
optimistisch
overweldigd
positief

prikkelbaar
razend
rot
rustig
ruzieachtig
schuldig
slap
strijdlustig
teleurgesteld
terneergeslagen
tobberig
uitgedaagd
uitgeput
uitgestreden
vastbesloten
veranderd
verbijsterd
verbolgen
verdedigend
verdoemd
verdoofd
verdrietig

verdwaasd
verhard
verlamd
verlaten
vernederd
veronachtzaamd
veroordeeld
verslagen
verstard
verstikt
verstoten
vertroeteld
verwaarloosd
verwachtingsvol
verward
verwend
verworpen
verzwakt
vol zelfmedelijden
waardeloos
walgend
wanhopig

wispelturig
zorgzaam
zwaarmoedig

Dit boekje is het resultaat van een driejarige samenwerking die ontstond dankzij de talenten en bijdragen kennis van de volgende mensen: Swamini Krishnamrita Prana, Swami Paramatmananda Puri, Mira, Vineeta, Sachin, Divya, Neeraja, Priyan, Deva Priya, Upasana, Rasya, Haran, Praveena, Kripa Prana, Amala, Kripa, Shubha, Anupama, Hari Sudha, Ramani, Devika, Rajita, Amarthya, Agama, Adam, Atulya, Anavadya, Tarini Ma, Ram Das, Vinaya, Sivani, Chaitanya, Vedavati, Annari en Rod.

Ik wil graag elke patiënt en elk familielid bedanken voor het voorrecht dat ik had hen te ontmoeten. Dankjewel dat jullie mijn leraar waren.

100% van de opbrengsten van
Zijn en sterven gaat naar de
liefdadigheidsprojecten van
Embracing the World.
Voor meer informatie
kunt u gaan naar:
www. embracingtheworld.org

www.ingramcontent.com/pod-product-compliance
Lightning Source LLC
LaVergne TN
LVHW051736080426
835511LV00018B/3091